초등 영어 3줄 쓰기의 마법

아이의 영어와 생각을 키워주는 결정적 글쓰기
초등 영어 3줄 쓰기의 마법

초판 1쇄 발행 2020년 12월 12일

지은이 조성민

펴낸이 박영선
편집주간 조경희
편집진행 박경미, 허은진
영업관리 박영선
디자인 ALL designgroup
인쇄 소프티안

펴낸곳 ㈜에이스컨프로
출판등록 2015년 10월 21일 제2015-000279호
주소 서울 강남구 테헤란로77길 11-12 아라타워 7층
내용 및 구입 문의 02-529-7299
팩스 070-4275-0215
내용 문의 keystonebook@gmail.com
홈페이지 www.keystonebook.co.kr
ISBN 979-11-960127-9-3   63740

- 본 책은 저작권법에 의해 보호를 받는 저작물이므로 무단 전재와 복제를 금합니다.
- 잘못된 책은 구입처에서 교환해 드립니다.

키스톤은 ㈜에이스컨프로의 단행본 브랜드입니다.

A Beginner's Guide to English Essay Writing
Text©2020 Sungmin Cho
First published in 2020 by Keystonebook, an imprint of ACECONPRO, Inc.
All rights reserved. No part of this book may be used or reproduced in any manner whatsoever without written permission, except in the case of brief quotations embodied in critical articles or reviews.

아이의 영어와 생각을 키워주는 결정적 글쓰기

초등 영어 3줄 쓰기의 마법

조성민 지음

키스톤
KEYSTONE

저자의 글

이중 언어는 비판적 사고와
독창적 시각까지 동반해야 합니다.

유학 생활이 3년 차에 접어들면서 익숙해질 법도 하지만 아직도 타지에 살고 있다는 게 생경할 때가 많습니다. 여기에는 환경과 정서의 차이도 있겠지만 아무래도 언어의 차이가 큰 요인인데요, 좀처럼 나갈 수 없는 요즘 같은 시기에는 영어로 수업을 듣고 음식 배달도 영어로 해야 할 때 미국에 살고 있다는 것이 가장 와닿습니다. 그런데 수업을 마치고 한국 드라마를 보거나 친구와 통화를 하고 있으면 전혀 외국 같지않은 기분이 들기도 합니다. 이렇게 수시로 언어를 바꿔가며 생활하는 것을 이중언어 (bilingual)라고 하는데, 이것은 단순히 한 언어를 모국어로, 다른 언어를 외국어로 구사하는 게 아니라 양쪽 언어를 자유롭게 오갈 수 있을 정도로 생활 속 깊이 받아들이는 것을 말합니다. 언어학적으로 청소년기 이후에 완전한 이중 언어자가 되는 것은 어렵다고 합니다 (Lippi-Green. 2012. *English with an Accent*). 영어를 이중 언어 수준으로 습득하려면 이 시기를 놓치면 안된다는 뜻인데, 그 점에서 우리나라의 제도권 영어 교육이 정말 안타까웠습니다. 문법 암기 위주의 교육이 고등학교에서 본격적으로 시작한다고 해도, 적어도 제가 느낀 초·중등 영어 교육도 별반 다르지 않았습니다. 본문을 달달 외우고 밑줄과 동그라미를 치며 필사적으로 직역을 시키는 건 영어를 외국어로 학습하는 것 밖에 안됩니다. 영어를 우리말에 기계적으로 대응시키는 데에만 익숙해진다면 사회에 나가

서도 그 틀 안에 갇혀 버벅거리게 되고 이중 언어자가 될 수 없겠죠. 그래서 초등 학생들이 영어로 자기 생각을 능동적으로 표현하는 연습을 하면 좋겠다고 생각했습니다.

　　미국 학생들 사이에서 공부하다 보면 이중 언어가 얼마나 큰 자산인지 실감하게 됩니다. 언어를 구사한다는 것은 번역 없이 말하고 쓸 수 있다는 것에 그치지 않고 그 언어가 속한 문화권의 정서와 사고 방식을 총체적으로 이해한다는 데에 그 의의가 있습니다. **이중 언어는 비판적 사고와 독창적 시각까지 동반한다는 것입니다.** 그렇기 때문에 초등 학생들에게 이 책이 이중 언어라는 소중한 자산을 적기에 얻는 시작점이 되었으면 좋겠습니다.

조성민

◢ 이 책의 특징

❶ 초등 학생 눈높이에 맞는 표현에 집중했습니다.

영어 공부를 할 때, 나와 전혀 관련 없는 문장이 나오면, 의미 없는 읽기나 쓰기가 되어서 그 효과가 떨어집니다. 아이들도 마찬가지입니다. 교과서 같은 틀에 박힌 문장을 쓰다 보면 결국 글쓰기에 흥미를 잃게 됩니다. 그래서 아이들과 밀접한 관련 있는 주제와 이야기, 의미 있는 영어 표현들을 담았습니다.

❷ 문법보다는 영어 글쓰기를 경험해 볼 수 있도록 했습니다.

이 책의 의도는 아이들에게 학습으로서의 영어 쓰기가 아니라 경험으로서의 영어 글쓰기의 재미와 기회를 제공하는 것입니다. 학교에서 배운 영문법을 생각한다면, 영어를 시작한 지 얼마 안된 아이들에게 이러한 영어 글쓰기는 어려운 도전이 될 수도 있습니다. 하지만 단계별로 접근한 미션들을 수행하다 보면 영어 문법은 잘 모르더라도, 어렵지 않게 영어 3줄 쓰기를 완성할 수 있습니다.

❸ **자신의 생각을 자신의 문장으로 써볼 수 있도록 구성했습니다.**

영어 글쓰기를 통해 자기 생각을 자유롭게 표현하는 것이 이 책의 목표입니다. 그래서 주어진 주제에 적합한 패턴을 통해 문장 완성해 보고, 그 문장들을 이용하여 3줄 쓰기를 접근해 볼 수 있도록 했습니다. 특히, 앞에서 배운 문장들을 단순한 나열이 아닌 말이 되는 글쓰기가 될 수 있도록 하여, 좀 더 확장된 글쓰기나 대화의 물꼬를 틀 수 있도록 했습니다.

이 책의 활용

영어 문장을 만들 때 규칙적인 표현 덩어리인 패턴을 활용하면 좀 더 쉽고 빠르게 만들 수 있어요. 단순한 패턴부터 난이도가 있는 패턴까지 초등 영어 글쓰기에 큰 도움이 되는 패턴 24개를 모았습니다. 글쓰기뿐만 아니라 말하기에도 큰 도움이 되는 마법 같은 패턴입니다.

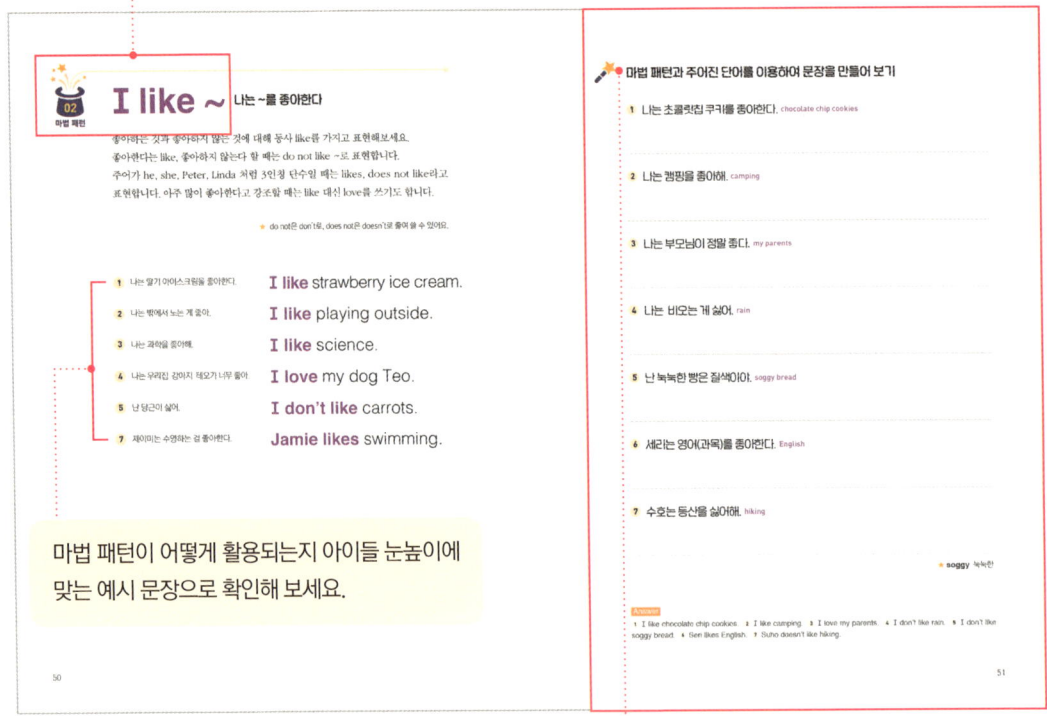

마법 패턴이 어떻게 활용되는지 아이들 눈높이에 맞는 예시 문장으로 확인해 보세요.

패턴을 이용해서 스스로 문장을 만들어 볼 차례! 초등학생들에게 의미가 있는 문장들로 구성했습니다.

꼭 직접 써 보세요.

'무엇에 대해 써야 하나?' 늘 고민이었죠? 가족, 친구, 학교, 아이돌, 게임 등 초등학생의 일상과 생각을 묻는 관련된 다양한 질문을 골라봤습니다. 질문의 답변을 통해 글쓰기에 도전해 볼 수 있습니다.

일상과 생각에 대한 질문의 답변이 근사한 3줄 영어 글쓰기가 됩니다. 단순한 3개의 문장 나열이 아니라 3개의 문장을 통해 말이 되는 글의 흐름을 짤 수 있도록 했습니다.

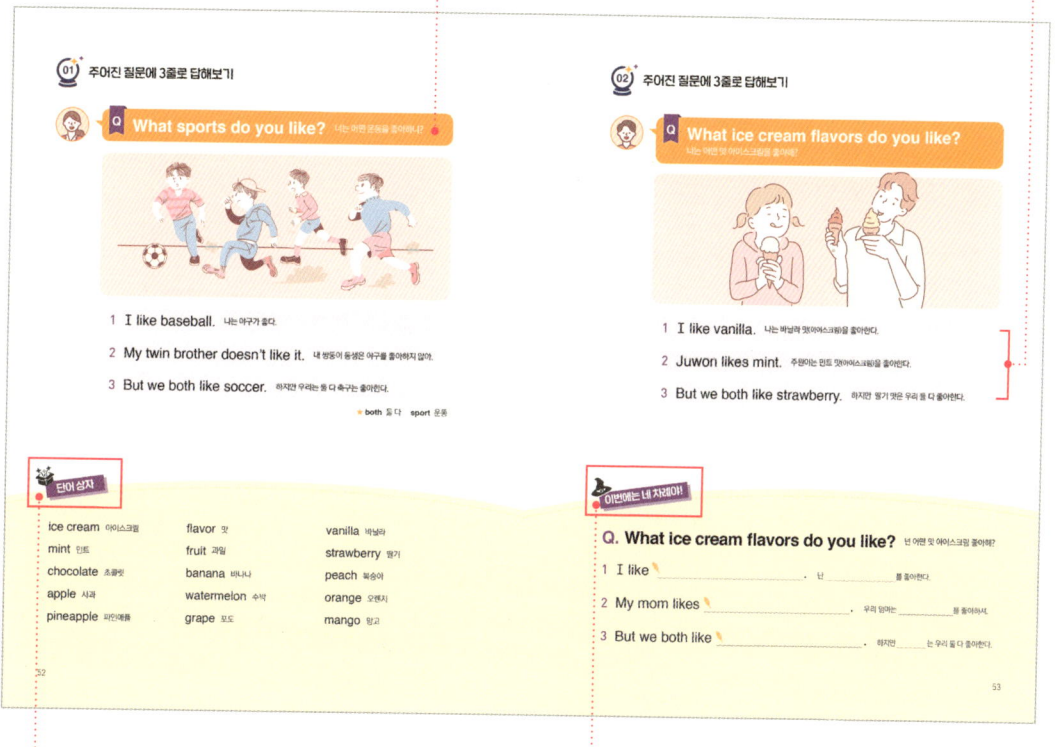

초등 필수 어휘는 물론이고 실생활에서 많이 쓰이는 단어를 카테고리별로 묶었습니다. 특히 스스로 3줄 쓰기를 완성할 때 활용할 수 있도록 해당 주제에 어울리는 단어들을 모았습니다.

이제는 직접 3줄 쓰기를 완성할 차례! 조금 어색하거나 틀려도 괜찮습니다. 스스로 써보는 3줄의 문장을 통해 논리적인 글쓰기를 할 수 있는 첫걸음이 시작됩니다.

 차례

Part 01
영어 글쓰기에 주목해야 하는 이유

01 글쓰기, 달라도 너무 달랐다
- 내 영어가 영어가 아니라고요?   16
- 왜 영어 교육의 실패에는 주목하지 않는 걸까요?   20
- 쓰기, 일상이 되다   24

02 국어 실력도 키워 주는 영어 글쓰기
- 초등 영어 글쓰기가 왜 중요한가요?   28
- 하지만 영어 글쓰기는 너무 어려워요   30
- 그럼 어떻게 초등 영어 글쓰기를 할까요?   32

03 초등 영어 3줄 글쓰기 어디서부터 시작할까요?
- 영어를 막 시작했는데 3줄 글쓰기가 가능할까요?   34
- 영어 글쓰기, 일기로 시작해 보세요   36
- 완벽이 아니라 '완성'에 의미를 두세요   39

문법과 글쓰기 둘 다 잡아주는 마법 패턴 24

Q1 Who are you? 네가 어떤 아이인지 소개 좀 해줄래?

마법 패턴 01 **I am ~** 나는 ~이다 46
마법 패턴 02 **I like ~** 나는 ~를 좋아한다 50
마법 패턴 03 **I play ~** 나는 (운동)을 한다 / 나는 (악기)를 연주한다 54
마법 패턴 04 **I can ~** 나는 ~ 할 수 있다 58

Q2 What do you look like? 너는 어떻게 생겼니?

마법 패턴 05 **look like ~** ~를 닮다, ~로 보인다 64
　　　　　　 look ~ ~하게 보인다

Q3 What is your family like? 가족들 얘기를 해주겠니?

마법 패턴 06 **I have ~** 나는 ~가 있다 70
마법 패턴 07 **I am good at ~** 나는 ~를 잘한다 74
마법 패턴 08 **I always ~** 나는 항상 ~ 78

Q4 Where do you live? 사는 곳은 어디니?

마법 패턴 09 **There is ~** ~가 있다   84

마법 패턴 10 **I have been to ~** ~에 가본 적이 있다   88

마법 패턴 11 **I used to ~** 나는 ~했었다   92

마법 패턴 12 **It is ~** 날씨 / 시간 / 요일 표현하기   96

Q5 Do you like school? 학교 다니는 건 괜찮아?

마법 패턴 13 **I have to ~** 나는 ~해야 한다   102

마법 패턴 14 **It takes ~** ~ (만큼의 시간)이 걸리다   106

마법 패턴 15 **I am interested in ~** 나는 ~에 관심이 있다   110

마법 패턴 16 **seem to** ~인 것 같다, ~로 보인다   114

마법 패턴 17 **I am looking forward to ~** 나는 ~하기를 정말 기대하고 있다   118

Q6 Who is your favorite teacher? 어떤 선생님이 가장 좋니?

마법 패턴 18 **My favorite ~** 내가 가장 좋아하는 ~   124

마법 패턴 19 **I think ~** ~라고 생각한다, ~한 것 같다   128

Q7 What makes you angry? 무엇 때문에 화가 나니?

마법 패턴 20 **make me angry** ~때문에 화가 난다　134

마법 패턴 21 **I should have ~** ~했어야 했는데　138

마법 패턴 22 **I am afraid of ~** ~가 무섭다　142
　　　　　　 I am worried about ~ ~가 걱정이다

Q8 What do you want to be? 넌 뭐가 되고 싶어?

마법 패턴 23 **I wish ~** ~라면 좋겠다　148

마법 패턴 24 **I want to ~** ~하고 싶다　152

Part 01
영어 글쓰기에 주목해야 하는 이유

01 글쓰기, 달라도 너무 달랐다

02 국어 실력도 키워 주는 영어 글쓰기

03 초등 영어 3줄 글쓰기 어디서부터 시작할까요?

01 글쓰기, 달라도 너무 달랐다

▎내 영어가 영어가 아니라고요?

"아아…, 이건 너무 아까워요."

미국으로 대학을 가서 처음 들은 정치학 개론 수업의 한국 출신의 조교가 제 과제를 보고 한숨을 내쉬며 말했습니다.

"나는 이게 무슨 말인지 알겠어요. 잘 쓴 글이에요. 나라면 A를 주겠지만 교수님은 안 그러실 거예요. 문법이나 어휘가 틀린 건 아닌데, 문체라든지 작문 방식이 미국에서 쓰는 글이랑 너무 달라요. 나도 이런 기분 잘 알아요."

열심히 쓴 전공 수업 첫 과제를 사이에 두고 어색한 침묵이 흘렀지만 애서 당황을 감췄습니다.

"주변에 한국어랑 영어를 다 모국어처럼 하는 친구가 있으면 그 친구한테 점검을 받아보세요. 영어로 된 글 많이 읽고, 어떤 표현이 영어권에서 실제로 많이 쓰이는지 구글에 찾아봐도 되고요. 쓰는 연습이 필요해요."

한국에서 나고 자라 고등학교까지 나온 저는 흔히 말하는 '토종'입니다. 비슷하게 한국에서 석사를 마치고 미국 대학에서 박사 과정을 하며 학생을 가르치는 조교를 만나 이런 조언을 들었을 때 충격을 받았습니다. 어려서부터 글에 대한 지적은 받아본 적 없이 글쓰기로 상도 탔기 때문에 그 동안 인정받아온 게 무너진 느낌이었죠. 학교 신문에 입사해 기사 초안을 냈을 때 또래 편집진도 비슷한 말을 했습니다.

"솔직히 무슨 말인지 모르겠어."
"설명을 듣고 나니까 너무 좋은 글 같은데 처음 읽을 땐 이게 뭔가 싶었어."

이번엔 한국 사람이 아니어서인지 더 가차없는 평이 돌아왔습니다. 다른 과제를 위해 기숙사에 상주하는 작문 도우미를 찾아가도 비슷했습니다. 갸우뚱거리며 글을 읽다가 설명을 듣고 나서야 고개를 젖히며 이제 이해했다고 합니다.

"그래서 어떻게 고치지?" 물어봐도 대답을 들을 수 없습니다. "그냥 뭔가 어색해. 많이 써보면 늘 거야" 이렇게 밖에요.

 시원한 해답을 찾지 못한 채로 수 많은 글을 쓰고 마지막 과제를 점검 받으러 조교를 찾아갔을 때 의외의 답을 들었습니다.

 정말 많이 늘었다고요. 2학년 수업을 가르치던 다른 조교에게도 똑같은 말을 들었습니다.

 "첫 과제에 비해 정말 많이 늘었네요!"

 기사 초안에 대해 받는 지적의 건수도 어느새 확연히 줄었습니다. 처음엔 의아했습니다. 제대로 된 해답도 찾지 못했고, 특별히 이 문제를 해결했다고 생각하지 않는데 왜 이렇게 된 것인지. 되돌아보면 제가 한 건 그저 쓰는 것 밖에 없습니다.

매일같이 닥쳐 오는 마감과 기한에 맞춰 쓰고 또 썼습니다. 처음에는 400단어도 버거웠는데, 고학년이 되자 과제는 4000단어를 넘고, 1200단어는 일상, 700단어는 자비가 되었습니다. 이렇게 되기까지 저도 눈치채지 못하는 동안 영어 글쓰기에 익숙해진 것입니다. 특별한 일이 아니라 밥 먹고 숨 쉬는 것처럼요.

왜 영어 쓰기 교육의 실패에는 주목하지 않는 걸까?

언어 학도가 아니라 검증은 할 수 없지만, 적어도 제가 느끼기엔 영어와 한국어는 완전한 대척점에 있는 언어입니다. 그 간극에는 말로 설명할 수 없는 정서, 문체, 작문 구조의 차이가 있습니다. 영어가 모국어가 아닌 학생들에게 그 차이를 극복하게 해주는 게 학교의 역할인데, 한국 제도권 교육은 이 점에서 처참하게 실패했습니다. 영어 울렁증이니, 외국인만 보면 도망간다느니, 영어 말하기 교육의 실패는 널리 알려졌지만 **왜 영어 쓰기 교육의 실패는 주목받지 못할까요?**

우리나라가 도표와 개조식 위주의 사회라면, 영어권은 텍스트 위주의 사회입니다. 교수에게 보내는 이메일부터 교과서, 시험, 공문, 법조문까지 구구절절 텍스트로 이루어져 있습니다. 어떻게 보면 영어 쓰기에 익숙지 못한 것이 더 시급한 과제일 수 있습니다.

그렇기 때문에 그 과정을 거쳐온 제가, 제 조교가 저에게 줬던 도움을 어린 학생들에게 주고 싶습니다. 저의 경우에는 스무 살이 되어서야 영어권으로 가서 뒤늦게 이런 과정을 거쳤지만 초등학생들이 지금 할 수 있는 것을 실천함으로써 영어 글쓰기와 일찍부터 친해질 기회를 접했으면 좋겠다는 생각에 이 책을 집필하게 됐습니다. 영어권에서 통할 법한 글쓰기를 하기 위해 반드시 그 곳에 살아야만 하는 것은 아닙니다. 선행 수준의 어휘와 문법을 구사해야만 하는 것도 아닙니다. 한국에 사는 평범한 아이들이 자신의 일상과 감정을 자신만의 글로 풀어내는 방법에 어떻게 익숙해지는지가 관건입니다.

앞에서 영어권이 텍스트 위주의 사회라고 설명한 것과 같이 또 다른 비교를 해보려고 합니다. 우리나라가 이해 위주의 사회라면 영어권은 표현 위주의 사회입니다. 초·중·고와 대학 간에 어느 정도 차이는 있겠지만, 한국 교육은 대체로 주입된 정보를 얼마나 정확하게 이해했는지를 평가합니다. 그래서 '레포트(보고서)'를 쓰게 하죠.

영어권 교육은 배운 것을 토대로 어떻게 자기 주장을 펼치는지를 더 중점적으로 평가합니다. 즉, '에세이' 위주입니다. 제가 받았던 지적 중에는 작문 상의 어색함도 있지만 왜 지문을 분석하고 설명하는 데에만 그치냐는 것도 있었습니다. 그건 앞선 학자들의 견해이니, 그걸 바탕으로 네 주장을 하라는 거였죠. 이 책에서 말하는, 일기 쓰기가 중요한 이유도 이것과 일맥상통합니다. 학교에서 배운 문법과 구문에 얽매여 남들의 생각을 곱씹지 말고, **자신의 이야기를 들려달라는 겁니다.**

그러기 위해서는 **자신의 생각을 종이에 옮기는 연습을 꾸준히 해야 합니다.** 생각하는 것, 말하는 것, 쓰는 것은 모두 판이하게 다릅니다. 특히 영어는 언어의 진행 방식도, 어순도 다르기 때문에 실제로 손을 움직여 써보지 않고는 똑같은 효과를 기대할 수 없습니다.

어려서 수학 공부를 하며, 1년 동안 매일 문제집 6쪽을 풀었던 일이 있습니다. 특별한 일이 아니라 밥 먹고 숨쉬듯이 문제집 푸는 것이 일상이 되었습니다. 영어 글쓰기도 마찬가지라고 생각합니다. 부담스러운 일을 언제 한번 날 잡아서 해치우는 게 아니라, 내 일상의 일부로 (part of my life) 받아들여야 합니다. 그 어떤 글쓰기 지도나 문법 공부보다 실제로 미국 또래들이 어떤 글을 쓰는지 직접 경험해보는 것이 중요합니다.

쓰기, 일상이 되다

저는 말씀드렸다시피 언어 전공자가 아닙니다. 수업에서는 정치학 이론에 근거해 미국 사법부가 행정부와 유착되어 가고 있다는 등의 정치적 내용을 논했고, 학교 신문에서는 학장의 권위주의적 태도가 대학 교육의 가치에 역행한다는 칼럼을 쓰기도 했지요.

사실, 여러분이 하게 될 영어 공부와는 딱히 관련이 없는 것들이지요. 그러나 저는 감히 말씀드립니다. 이 책을 통해 여러분이 하게 될 영어 쓰기 연습은 이런 것들과 크게 다르지 않습니다. 내용은 달라도 접근하는 방법은 같다고 볼 수 있지요.

누군가 여러분의 어린 자녀에게 영어로 이렇게 질문을 한다고 생각해 보세요.

"김 선생님은 어떤 분이지?"

그럴 때 나올 수 있는 대답은 어떤 것일까요?

"김 선생님은 키가 크세요."
"김 선생님은 친절하세요."

여러분이 보시기에 위의 대답이 어떻게 들리세요? '뭐 무난하네' 하는 생각이 드시나요? 제가 보기에 이것이 바로 우리나라 교육이 가져온 전형적이고 앵무새처럼 외우는 스타일의 대답입니다. 그냥 보이는 모습 그대로 서술한 자기 생각이 전혀 없는 평면적인 대답이지요.

제가 지향하는 아이의 답변은 아래와 같습니다.

"친절하시지만 수업이 조금 힘들어 보여요. 그래도 전반적으로 좋은 분 같아요!"

이 대답이 위의 대답과 무슨 차이가 있어 보이세요?

예를 들어, '김 선생님이 키가 크다, 이 선생님이 친절하다' 같은 말을 앵무새처럼 외우는 게 아니라, 선생님이 어떠시냐는 질문에 '친절하시지만 수업이 조금 힘들어 보인다. 그래도 전반적으로 좋은 분 같다' 라고 본인의 생각을 글로 풀어내는 연습을 하는 것입니다. 그리고 바로 이것이 영어 글쓰기에 일찍부터 익숙해지고자 하는 여러분의 자녀가 일상적으로 연습하여 깨우쳐야 하는 지점입니다.

그리고 이걸 자연스럽게 글로 풀어낼 수 있어야 합니다.

이렇듯 초등학생이 어려운 표현을 쓰지 않고도 자기 뜻을 표현하는 방법은 얼마든지 있습니다. 가족, 학교, 친구들, 아니면 아이돌이나 게임 같은 관심사가 될 수도 있습니다. 필수 어휘와 문법을 넣는 데 급급한 어른들이 어색하게 이리저리 흩어놓은 문장을 외우는 게 아니라, 자기가 익숙한 주제를 자기만의 언어로 표현할 수 있게 하는 것이죠.

일종의 스토리 텔링 이지만, 제가 이 책에서 그 필요성을 강조할 3줄 쓰기는 **글의 흐름을 짜는 연습**이라고 할 수 있습니다. 영어는 과목이기 이전에 언어입니다. 죽어 있는 영어가 아니라 살아 있는 영어를 배우고, 수동적이 아니라 능동적으로 그것을 연습한다면 영어를 과목이 아니라 언어로 받아들일 줄 알게 됩니다. 그러면 자기 뜻을 영어로, 글로 펼쳐나가는 게 한결 더 수월해질 겁니다.

저는 아직 배우는 학생이라 갈 길이 멀기에 다른 분들의 이야기로 끝을 맺고자 합니다.

봉준호 감독의 수상 소감을 유려한 영어로 통역한 샤론 최 씨와 해외 매체에서 한국의 방역 성과를 보고한 강경화 외교부 장관이 국제 사회에서 찬사를 받는 이유는 과연 무엇일까요? 그것은 그분들의 유창한 발음이나 고급스러운 어휘에 있지 않았습니다. 그분들은 한결같이 자기 생각을 영어라는 언어가 갖는 특성에 최적화된 방법으로 풀었습니다. 해외 정상과의 회담장에서 고개를 갸우뚱거리며 퇴장하는 국제부 기자들과 확연히 대비되는 모습이었습니다.

어쩌다 보니 훌륭한 '스피커'의 예시만 들게 됐지만, 글쓰기도 이와 크게 다르지 않습니다. 영어로 자기 뜻을 표현할 기회는 대체로 말보다 글이 더 많습니다. 지금은 '김 선생님이 어떤지'에 대한 글일지라도, 이런 연습을 통해 영어에 익숙해졌을 때 비로소 영어 글쓰기에 지속적인 자신감이 생길 수 있습니다.

그렇기에 학생들이 국제 무대에서 강경화 장관처럼 되느냐, 기자들처럼 되느냐는 이 책을 통해 자기 생각을 영어로 풀어낼 수 있게 되는 데에 달렸다고 해도 과언이 아닙니다.

다시 처음으로 돌아와 제가 들었던 조언을 그대로 인용하고자 합니다.

"일단 써 보세요."

02 국어 실력도 키워 주는 영어 글쓰기

🖋 초등 영어 글쓰기가 왜 중요한가요?

영어는 언어입니다. 그 때문에 제대로 하려면 눈과 귀를 열어 많이 듣고, 읽는 인풋(input)과 꾸준히 말하고 쓰는 연습이 필요한 아웃풋(output)이 같이 진행되어야 합니다.

요즘은 어릴 때부터 유튜브 등을 통해 다양한 영어 콘텐츠를 쉽게 만날 수 있죠. 특히 듣기, 읽기, 말하기와 관련한 다양하고 좋은 콘텐츠들을 스마트폰이나 태블릿을 통해서 접할 수 있습니다. 하지만 영어 쓰기는 그렇지 않다 보니 아이들뿐만 아니라 어른들도 무척 어려워하는 커뮤니케이션 스킬입니다.

특히나 즉각적이고, 한정된 글자로 표현해야 하는 SNS가 주요 커뮤니케이션의 매개가 되는 요즘에는, 주로 이모티콘이나, 줄임말, 감탄사 형태의 짧은 표현으로 자기 생각을 표현하는 것이 대세가 되었습니다. 그로 인해 자기 생각을 글로 명확하게 표현하는 데 더 힘이 들지요.

많은 분이 알고 있는 것처럼 글쓰기는 단순한 자기표현을 넘어서는 개념입니다. 학습 능력과 창의력 등에 큰 도움이 되는 삶의 기술이라고 할 수 있지요. 그러나 자신의 감정이나 생각을 글로 표현하기란 우리말인 국어로 하기도 쉽지 않습니다. 그러니 한글로도 쉽지 않은 글쓰기를 영어로 하라고 아이들에게 무작정 시킨다면요?

아마 열에 아홉은 시작도 하기 전에 지레 겁을 먹거나 포기해 버릴 수 있습니다.

이에 미리 대답을 드리지요. 제가 알려 드리는 방법은 단순히 영어 글쓰기 실력을 높이는 것이 아닙니다. **스스로 무언가를 배우고, 생각하는 학습 능력을 키우는 데 그 핵심이 있습니다.** 그래서 이 연습을 꾸준히 하다 보면 영어 글쓰기 실력과 함께 자신만의 생각을 글로 표현할 수 있는 역량도 성장할 수 있습니다. 우리말도 예외는 아닐 것입니다.

하지만 영어 글쓰기는 너무 어려워요

　당연히 어렵습니다. 수년째 미국에서 생활하면서 가장 어려운 장벽은 언어보다도 정서의 차이입니다. 앞서 설명했듯 우리말로 생각한 것을 영어로 번역하듯 적어 놓으면 매끄럽지 않은 수준이 아니라, 말이 되지 않을 때도 많습니다.

　언어도 다르고, 문화도 다르고, 글의 접근 방식도 다르기 때문이지요. 하물며 아직은 영어에 익숙하지 않은 초등학생에게는 당연히 그 첫걸음이 두려울 수밖에 없지요.
　하지만 초등학생은 아직 사고가 우리말의 틀에 갇히기 전입니다. 영어 글쓰기에 일찍, 그리고 자주 노출될수록 거기에 더 익숙해지기 쉽지 않을까요?
　조기 유학도 결국 영어권 학교에서 영어 단어, 문장을 많이 써 보는 연습을 시키기 위해서니까요. 그러나 사실 영어 습득의 관건은 환경보다 의지에 있습니다. 환경이 갖추어져도 의지가 없다면 영어 글쓰기가 늘 수 없습니다. 반대로, 온종일 영어만 들리는 환경이 아니더라도 하루 중 짧은 시간을 할애해 자기 생각을 영어로 표현하는 연습을 한다면 조기 유학에 상응하는, 심지어 더 괄목할 만한 성장을 할 수 있습니다. 다시 한 번 강조합니다.

자기 생각을 자신의 문장으로 써 보는 것은 매우 중요합니다.

❚ 그럼 어떻게 초등 영어 글쓰기를 할까요?

저는 앞서 인풋의 중요성을 말씀드렸습니다. 어려운 글이 아니라 영어권의 또래 어린이들이 읽을 법한 동화책을 읽는 것도 좋은 밑거름이 될 수 있습니다.

그럴 때는 당연히 모르는 단어가 나올 수밖에 없는데요. 반드시 그때그때 모르는 단어를 찾아보아야 합니다. 몰아서 한꺼번에 찾아보려고 미루면 잊어버리기도 하고 무엇보다 귀찮은 일이 될 수 있습니다. 그러니 인터넷 사전이나 스마트폰 사전 애플리케이션 등을 이용해 모르는 단어의 뜻을 바로바로 검색해 보십시오.

이런 과정의 반복을 통해 쓸 수 있는 단어의 폭이 늘어나면 그때부터 자기 생각을 영어로 표현하는 게 수월해집니다. 알고 있는 단어를 조합할 수 있기 때문이지요.

언어 습득도 결국 유추의 과정입니다. '그 단어들을 이런 식으로 나열했더니 말이 됐으니까 이 단어들도 그렇게 해 볼 수 있지 않을까'라고 스스로 단어의 조합 방식을 터득해 나가는 것입니다. 그러다 보면 표현의 폭이 굉장히 넓어지고, 또 자유자재로 문장을 구사할 수 있게 됩니다.

마지막은 그렇게 조합해 구사한 문장을 '말이 되도록' 나열하는 것입니다. 말이 되게 하려면 최소한 세 문장으로 이루어진 글을 쓰는 연습을 해야 합니다.

예를 들면 아래와 같습니다.

Do you have siblings? 형제자매가 있나요?

아래의 질문에 대부분 "no" 아니면 "yes"라고 간단히 대답할 겁니다. 물론 이것도 틀리지는 않지만, 저는 제 책을 통해 공부한 아이들이 아래와 같이 대답할 수 있기를 바랍니다.

"I don't have any siblings.
I'm an only child. But I have a dog named Tommy."
저는 형제가 없고 외둥이예요. 그러나 토미라는 이름의 강아지가 있어요!

어떠세요? 간단하게 세 문장을 이어 붙였을 뿐인데도 개연성이 살아나고, 적절한 정보를 상대에게 제공함으로써 대화의 물꼬가 트이지요.

이렇듯, 어려서부터 시작한 간단하고 사소하지만 꾸준한 영어 쓰기는 우리 아이 영어의 힘뿐만 아니라, 생각의 틀도 키워 주는 바탕이 될 것입니다.

03 초등 영어 3줄 글쓰기 어디서부터 시작할까요?

▌ **영어를 이제 막 시작했는데 3줄 글쓰기가 가능할까요?**

너무 어렵게만 생각하지 않는 게 중요합니다.

우선 I(나는)로 시작하는 간단한 영어 문장을 쓸 수 있는 정도가 되면 쓰게 해 보세요. 여기서 제가 말하는 글쓰기란 단순히 예문이나 주어진 문장을 베껴 쓰는 것이 아닙니다. 짧고 단순한 문장이더라도 아이 스스로 만들어 자신을 표현하는 문장을 쓰는 것입니다.

물론 처음부터 아이가 그런 문장을 술술 쓸 수는 없습니다. 처음에는 주어진 단어를 써 보고 단어를 연결한 구문, 그리고 문장을 써 봐야 합니다. 하지만 아이와 상관없는 문장을 계속 쓰게 하면 베껴 쓰는 것에 불과합니다. 아무런 재미도 찾을 수 없으니 아이의 흥미는 당연히 떨어질 테고요.

따라서 아이가 좋아하는 것, 아이가 좋아하는 친구, 엄마, 아빠 등 아이에게 의미가 있는 표현을 쓰도록 해 보세요. 그래야 아이가 본인만의 독자적인 관점을 가지게 되고, 그게 바로 자기 표현력의 기본이 됩니다.

처음부터 나만의 문장을 만드는 것은 확실히 어려울 수 있습니다. 그럴 때는 이왕이면 아이의 눈높이에 맞는 소재가 담긴 문장과 표현이 많이 담긴 책을 이용해 문장 만들어 보기에 도전해 보세요. 빈칸 채우기나 주어진 단어를 이용한 문장 만들기를 해 봐도 좋겠지요.

이때 단순히 베끼는 연습이 아니라 그것을 확장해서 자신만의 짧은 문장을 만들어 자신을 표현하는 연습이 꼭 필요합니다. 글을 쓴다는 것은 결국 자신의 표현을 쓰는 것이니까요.

누구에게나 해당하는 틀에 박힌 문장을 쓰다 보면 결국에 글쓰기에 흥미를 잃고 결국 글 쓰는 연습을 지속할 수 없게 됩니다. 따라서 이왕이면 **아이와 관련 있는 주제와 이야기 등, 본인에게 의미 있는 표현을 이용하여 서서히 훈련하는 겁니다.**

예를 들어, "나는 민트 초콜릿 맛 아이스크림을 좋아한다.", "나는 킥보드를 탈 수 있어"와 같이 간단하지만 아이 자신을 표현하는 문장으로 시작하세요.

🖊 영어 글쓰기, 일기로 시작해 보세요.

어렸을 때 저는 집 근처에 있던 도서관에 자주 다녔습니다. 책 읽기도 재미있었지만 아마 도서관 식당에서 먹는 라면이 너무 맛있어서 도서관에 가자는 어머니 말씀에 따라나섰던 것 같네요. 하지만 고학년이 되고 나서는 귀찮기도 해서 따라나서지 않았는데, 전직 도서관 사서이신 어머니는 동네 모든 도서관의 대출 카드를 만들어서 열심히 책을 빌려 오셨어요. 물론 어머니가 빌려 온 모든 책을 다 읽은 것은 아닙니다. 재미있어 보이는 책은 읽기도 하고, 그러지 않은 책은 아예 펼쳐 보지도 않았습니다. 그래도 어머니는 지치지 않고, 정말 다양하고 많은 책을 빌려 오셨던 것 같아요.

그 중 하나가 「헨쇼 선생님께」라는 책이었어요-어머니가 정말 감동적이었다고 적극적으로 추천하기도 했지만요-. 남자아이가 정말 열심히 뭔가를 쓰고 있는 그림의 표지가 눈에 띄기도 해서 읽게 되었던 것 같네요.

작가가 되고 싶어 하는 리 보츠라는 남자아이가 자신이 좋아하는 동화 작가인 헨쇼 선생님에게 쓰는 편지와 일기 내용이 주를 이루는 동화책이었죠. 재미있고, 왁자지껄한 이야기책을 좋아했던 저였지만, 조용하고 눈에 띄지 않는, 그리고 글 쓰는 걸 좋아하는 리 보츠라는 아이가 저의 모습과는 어느 정도 겹쳐져서인지 진지하게 읽었던 것 같네요.

그리고 헨쇼 선생님이 리 보츠에게 던졌던 몇 가지 질문에 저도 리 보츠처럼 제 이야기를 써 봤던 기억이 납니다. 나 그리고 어머니, 아버지, 친구, 선생님에 대해서 말이지요. 지금 읽으면 손발이 오그라들 것 같지만, 그때는 꽤 심각하게 썼던 것 같습니다.

초등 영어 글쓰기 관련 원고를 쓰면서 저는 고민을 많이 했습니다. 어떤 내용으로 접근해야 아이들이 어렵지 않고, 부담이 없을지 말입니다. 그러다 생각해 낸 것이 바로 **영어 일기입니다**. 초등학생이 영어 글쓰기에 가장 쉽게 접근할 수 있는 아이템으로 영어 일기만 한 게 없다 싶었지요.

하지만 여기서 이런 생각을 하시는 분들이 분명 있을 겁니다.

"내가 어렸을 때 우리말로 쓰는 일기도 대체 오늘은 무슨 내용으로 써야 할지 고민했는데 내 아이에게 일기를 쓰게 하라고? 그것도 표현의 범위가 한정될 수밖에 없는 영어 일기를?"

"예, 당연합니다!"

대부분은 그런 고민이 드시겠지요. 저는 그런 고민을 해결하기 위해 **일상에 관련된 질문의 답변을 통해 글쓰기에 도전**해 보면 좋겠다고 생각했습니다. 그리고 헨쇼 선생님이 리 보츠에게 던진 주제의 질문들이라면 괜찮겠다는 결론을 내렸지요.

새로운 것 없는, 초등학생들에게 흔히 던질 수 있는 질문이고, 쉽게 답변할 수 있지만, 조금만 깊이 생각하고, 올바르게 써 내려간다면, 온전히 나를 바라보고, 나를 표현하는 일상에 관련한 이야기이기 때문이지요.

비록 3줄이지만, 그 안에 흐름이 있는 영어 일기를 완성할 수 있습니다.

◤ '완벽'이 아니라 '완성'에 의미를 두세요.

앞에서 언급했듯이 이 책의 궁극적인 목표는 영어 글쓰기를 통해 자기 생각을 자유롭게 표현하는 것입니다. 하지만 이제 영어를 배우는 초등학생이 처음부터 영어로 자신을 표현하는 글을 쓰는 것은 불가능합니다. 따라서 이 책은 초보 단계에서 알맞은 미션을 수행하면서 성취감과 영어 글쓰기 실력을 쌓아 갈 수 있도록 구성했습니다.

사실 영어를 잘하냐 그렇지 않으냐를 결정하는 것은 정확한 영어 문장을 얼마나 빠르게 만들어 내는지에 달렸습니다. 그건 글쓰기뿐만 아니라 말하기에도 해당합니다. 그러려면 우선 영어 단어를 알아야 합니다. 그 다음은 아는 단어들을 조합해서 문장을 만드는 거지요.

문장 만들기 할 때 규칙적인 표현 덩어리라고 할 수 있는 패턴을 활용하면 아주 큰 도움이 됩니다. 이 패턴을 익히면 좀 더 쉽고, 빠르게 문장을 만들 수 있기 때문이지요.

이러한 사실에 기초해 초등학생이 기본적으로 알아 두면 좋은 영어 단어와 패턴들을 모아서 스스로 문장을 많이 만들어 볼 수 있도록 이 책을 구성했습니다. 그리고 제시하는 문장들은 나와 아무 상관이 없는 단순히 영어를 배우기 위한 문장들이 아니라, 영어 문장을 만드는 초등학생들에게 의미가 있는 문장들을 공들여 뽑았습니다.

이렇게 각각의 문장을 익힌 다음에는 나를 들여다볼 수 있고, 가족과 친구, 학교 등의 일상과 생각을 묻는 말에 자기 생각을 담아서 3줄 영어 글쓰기를 완성할 수 있도록 했습니다.

==3줄의 문장은 그냥 단순한 문장의 나열이 아닙니다. 말이 되게 구성해 비록 3줄 쓰기지만 아이들이 논리적인 글쓰기를 할 수 있는 첫걸음을 내디딜 수 있도록 하였습니다.==

이 책은 단순한 영어 글쓰기 실력의 배양에만 있지 않습니다. 앞서 말씀드린 제 경험담은 제 자존감에 큰 영향을 줄 수 있는 일종의 사건이었지요.

글쓰기는 자기 생각을 투영하고 사고를 깊이를 생성해 주는 좋은 수단입니다. 이 책을 통해 아이들의 영어 글쓰기 실력뿐 아닌 자존감과 창의력 또한 쑥쑥 자라나기를 조심스레 바라 봅니다.

Part 02

문법과 글쓰기 둘 다 잡아주는
초등 영어 마법 패턴 24

마법 패턴 01   나는 ~ 이다
마법 패턴 02   나는 ~ 를 좋아한다
마법 패턴 03   나는 ~ (운동)을 한다, 나는 (악기)를 연주한다
마법 패턴 04   나는 ~ 할 수 있다

Who Are You?

네가 어떤 아이인지
소개 좀 해줄래?

나에 대한 이야기부터 써 볼까요?
나는 누구인지, 내가 좋아하는 것은 무엇인지,
나의 취미는 무엇인지, 내가 잘 하는 것은 무엇인지 등
나에 대한 정보를 영어로 표현해 볼 수 있어요.

I am ~   나는 ~이다

내가 누구이고, 몇 살인지 얘기할 때 꼭 필요한 것이 바로 be동사.
I (나는)와 함께 쓰이는 be동사는 am 입니다. I am 다음에 명사가 들어가면
'나는 ~이다'라는 의미가 됩니다.

I am ~	나는 ~이다	We are ~	우리들은 ~이다
You are ~	너는/너희들은 ~이다	They are ~	그 사람들은 ~이다
He/She/It is ~	그는/그녀는/그것은 ~이다		

★ I'm / You're / He's / She's / It's / We're / They're 로 줄여 쓸 수도 있어요.

1. 나는 클레어입니다.   **I am** Claire.
2. 저는 민수입니다.   **I'm** Minsu.
3. 나는 4학년이다.   **I'm** a fourth grader.
4. 전 10살이에요.   **I'm** ten years old.
5. 그녀가 루크의 여동생이다.   **She is** Luke's little sister.
6. 그는 외동 아들이다.   **He's** an only child.

이름을 표현하는 또 다른 방법들

- My name is Mina.   내 이름은 미나에요.
- I go by Jennie.   나를 제니라고 불러줘.

★ go by + 이름 : (이름)으로 불리다 〈본명이 아닌 다른 이름으로 불리고 싶을 때 쓰는 표현〉

마법 패턴과 주어진 단어를 이용하여 문장을 만들어 보기

1. 저는 나연이에요. **Nayeon**

2. 내 이름은 브라이언이야. **Brian**

3. 나는 12살이에요. **twelve**

4. 그녀는 지혜의 사촌이에요. **Jihye's cousin**

5. 민호는 3학년이다. **a third grader**

6. 저는 유투브 크리에이터에요. **a YouTube Creator**

7. 나를 모모라고 불러줘. **go by**

Answer
1 I am Nayeon.   2 My name is Brian.(=I am Brian.)   3 I'm twelve years old.   4 She is Jihye's cousin.
5 Minho is a third grader.   6 I'm a YouTube Creator.   7 I go by Momo.

01 주어진 질문에 3줄로 답해보기

Q What's your name? 너의 이름은 뭐니?

Name : Hyerin(Heidi)

Age : 10

1 I am Hyerin. 내 이름은 혜린이야.

2 I go by Heidi. 하이디라고 불러줘.

3 I'm ten years old. 나는 10살이야.

number 숫자	eleven 11	twelve 12
thirteen 13	fourteen 14	fifteen 15
sixteen 16	seventeen 17	eighteen 18
nineteen 19	twenty 20	thirty 30
forty 40	fifty 50	sixty 60

a first / second / third / fourth / fifth / sixth grader 1/2/3/4/5/6학년 생

02 주어진 질문에 3줄로 답해보기

Q. What's your name? 너의 이름은 뭐니?

Name : **Jaewon(Jay)**

Grade : **5**

1 My name is Jaewon. 제 이름은 재원입니다.

2 I go by Jay. 제이라고 불러주세요.

3 I'm a fifth grader. 지금 5학년이에요.

 이번에는 네 차례야!

Q. What's your name? 너의 이름은 뭐니?

1 I am _____. 저는 _____입니다.

2 I go by _____. _____라고 불러주세요.

3 I am _____ years old. 저는 _____살이에요.

I like ~ 나는 ~를 좋아한다

좋아하는 것과 좋아하지 않는 것에 대해 동사 like를 가지고 표현해보세요.
좋아한다는 like, 좋아하지 않는다 할 때는 do not like ~로 표현합니다.
주어가 he, she, Peter, Linda 처럼 3인칭 단수일 때는 likes, does not like라고
표현합니다. 아주 많이 좋아한다고 강조할 때는 like 대신 love를 쓰기도 합니다.

★ do not은 don't로, does not은 doesn't로 줄여 쓸 수 있어요.

1. 나는 딸기 아이스크림을 좋아한다.   **I like** strawberry ice cream.
2. 나는 밖에서 노는 게 좋아.   **I like** playing outside.
3. 나는 과학을 좋아해.   **I like** science.
4. 나는 우리집 강아지 테오가 너무 좋아.   **I love** my dog Teo.
5. 난 당근이 싫어.   **I don't like** carrots.
7. 제이미는 수영하는 걸 좋아한다.   **Jamie likes** swimming.

마법 패턴과 주어진 단어를 이용하여 문장을 만들어 보기

1 나는 초콜릿칩 쿠키를 좋아한다. chocolate chip cookies

2 나는 캠핑을 좋아해. camping

3 나는 부모님이 정말 좋다. my parents

4 나는 비오는 게 싫어. rain

5 난 눅눅한 빵은 질색이야. soggy bread

6 세리는 영어(과목)를 좋아한다. English

7 수호는 등산을 싫어해. hiking

★ **soggy** 눅눅한

Answer
1 I like chocolate chip cookies. 2 I like camping. 3 I love my parents. 4 I don't like rain. 5 I don't like soggy bread. 6 Seri likes English. 7 Suho doesn't like hiking.

 **01** 주어진 질문에 3줄로 답해보기

Q What sports do you like? 너는 어떤 운동을 좋아하니?

1 I like baseball. 나는 야구가 좋다.

2 My twin brother doesn't like it. 내 쌍둥이 동생은 야구를 좋아하지 않아.

3 But we both like soccer. 하지만 우리는 둘 다 축구는 좋아한다.

★ **both** 둘 다   **sport** 운동

 단어 상자

ice cream 아이스크림	flavor 맛	vanilla 바닐라
mint 민트	fruit 과일	strawberry 딸기
chocolate 초콜릿	banana 바나나	peach 복숭아
apple 사과	watermelon 수박	orange 오렌지
pineapple 파인애플	grape 포도	mango 망고

02 주어진 질문에 3줄로 답해보기

Q. What ice cream flavors do you like?
너는 어떤 맛 아이스크림을 좋아해?

1 I like vanilla.   나는 바닐라 맛(아이스크림)을 좋아한다.

2 Juwon likes mint.   주원이는 민트 맛(아이스크림)을 좋아한다.

3 But we both like strawberry.   하지만 딸기 맛은 우리 둘 다 좋아한다.

Q. What ice cream flavors do you like? 넌 어떤 맛 아이스크림 좋아해?

1 I like _____. 난 _____를 좋아한다.

2 My mom likes _____. 우리 엄마는 _____를 좋아하셔.

3 But we both like _____. 하지만 _____는 우리 둘 다 좋아한다.

마법 패턴 03

I play ~ 나는 ~(운동)을 하다 / 나는 ~(악기)를 연주하다

play라는 동사의 쓰임새는 다양합니다. '놀다', 로 해석하기도 하지만, '운동을 하다', '악기를 연주하다', '게임을 하다'의 의미로 쓰이기도 합니다

1. 나는 농구를 한다. **I play** basketball.

2. 나는 메이플스토리를 하지 않는다. **I don't play** MapleStory.

3. 나는 스마트폰으로 게임을 한다. **I play** games with my smartphone.

4. 그들은 피아노를 함께 연주한다. **They play** the piano together.

5. 민희는 야구를 한다. **Minhee plays** baseball.

6. 그는 바이올린을 연주하지 않는다. **He doesn't play** the violin.

악기를 연주하다 할 때는 「play+ the 악기」

★ **together** 함께

마법 패턴과 주어진 단어를 이용하여 문장을 만들어 보기

1 나는 축구를 한다. soccer

2 나는 바이올린을 연주하지 않는다. violin

3 나는 학교 오케스트라에서 플루트를 분다. flute, in the school orchestra

4 우린 클라리넷을 함께 연주한다. clarinet, together

5 그들은 일요일에는 농구를 한다. basketball, on Sundays

6 나는 아빠랑 컴퓨터 게임을 한다. computer games, with my dad

7 재스민은 테니스를 치지 않는다. Jasmin, tennis

Answer

1 I play soccer.   2 I don't play the violin.   3 I play the flute in the school orchestra.   4 We play the clarinet together.   5 They play basketball on Sundays.   6 I play computer games with my dad.   7 Jasmin doesn't play tennis.

01 주어진 질문에 3줄로 답해보기

Q What sports do you play? 너는 어떤 운동을 해?

1 I play badminton at school. 나는 학교에서 베드민턴을 친다.

2 I play ping-pong with my parents on weekends.
   주말에는 부모님이랑 탁구를 친다.

3 It's so much fun. 그건 정말 재미있다.

★ **weekend** 주말   **fun** 재미, 즐거움

단어 상자

sport 운동, 스포츠	baseball 야구	basketball 농구
volleyball 배구	dodge ball 피구	soccer 축구
badminton 배드민턴	ping-pong 탁구	golf 골프
bowling 볼링	tennis 테니스	hockey 하키
skiing 스키	skating 스케이팅	skateboarding 스케이트 보드

주어진 질문에 3줄로 답해보기

 **What games do you play?** 너는 게임 어떤 거 해?

1 I play jenga with my mom. 나는 엄마랑 젠가를 한다.

2 I play Minecraft with my friends. 친구들이랑은 마인크래프트를 한다.

3 It's so much fun. 그건 정말 재미있다.

이번에는 네 차례야!

Q. What games do you play? 너는 어떤 게임을 하니?

1 I play ✎_____. 난 _____를 한다.

2 I play ✎_____ with _____. _____랑 _____를 한다.

3 It's ✎_____. 그건 _____하다.

I can ~ 나는 ~ 할 수 있다

04 마법 패턴

나의 능력이나 재주를 통해 나를 이야기 하고 싶을 때는 조동사 can으로 표현해 보세요. '~할 수 있다'는 「can+동사원형」으로 표현합니다. '~할 수 없다'는 can 뒤에 not을 붙여서 cannot으로, 또는 줄여서 can't로 표현합니다.
can 다음에는 동사원형이 온다는 점에 유의하세요.

1. 나는 라면은 요리할 수 있어. — **I can cook** instant noodles.
2. 나는 정말 빨리 달릴 수 있다. — **I can run** really fast.
3. 나는 한국어와 영어를 할 수 있어요. — **I can** speak Korean and English.
4. 나는 자전거를 못 탄다. — **I can't** ride a bike.
5. 우리 아빠는 운전을 할 수 있다. — **My dad can** drive.
6. 엘사는 수영을 못한다. — **Elsa cannot** swim.

★ **instant noodles** 라면, 인스턴트 국수　**fast** 빨리

마법 패턴과 주어진 단어를 이용하여 문장을 만들어 보기

1 나는 물구나무서기를 할 수 있다. stand on my head

2 나는 혼자서 지하철을 탈 수 있다. ride the subway by myself

3 난 사람 얼굴을 잘 기억 한다. memorize people's faces well

4 나는 피아노를 칠 줄 몰라요. play the piano

5 그녀는 프랑스어를 할 수 있어요. speak French

6 안나는 이탈리아 음식을 만들 수 있다. make Italian food

7 우리 아빠는 휘파람을 못 분다. whistle

★ **by myself** 혼자　**memorize** 기억하다

Answer
1 I can stand on my head. 2 I can ride the subway by myself. 3 I can memorize people's faces well.
4 I can't play the piano. 5 She can speak French. 6 Anna can make Italian food. 7 My dad can't whistle.

01 주어진 질문에 3줄로 답해보기

 **Q Can you ride a bike?** 너 자전거 탈 수 있어?

1 Yes! I can ride a bike. 물론이지. 난 자전거를 탈 수 있어.

2 I can ride a kick scooter, too. 난 킥보드도 탈 수 있다.

3 But I can't ride a skateboard. 하지만 난 스케이드 보드는 못 탄다.

★ kick scooter 킥보드

단어 상자

food 음식	salad 샐러드	pizza 피자
spaghetti 스파게티	rice 밥	bread 빵
noodle 국수	French fries 감자 튀김(프렌치 프라이)	steak 스테이크
hot dog 핫도그	chicken 닭고기	fish 생선
cake 케이크	cookie 과자	soup 수프

02 주어진 질문에 3줄로 답해보기

Q What food can you make?
너는 어떤 요리를 할 수 있어?

1. I can make a green salad. 난 야채 샐러드를 만들 수 있어.

2. I can make spaghetti, too. 스파게티도 만들 수 있어.

3. But I can't make pizza. 하지만 피자는 만들 수 없어.

Q. What food can you make? 넌 어떤 음식을 만들 수 있어?

1. I can make _____. 나는 _____를 만들 수 있어.

2. I can _____, too. _____도 만들 수 있어.

3. But I can't _____. 하지만 난 _____는 만들 수 없어.

마법 패턴 05 ~를 닮다, ~처럼 보이다
~하게 보인다

Q2

What do you look like?

너는 어떻게 생겼니?

나에 대한 이야기 중 빠질 수 없는 것이 바로 외모에 대한 거겠죠?

내가 어떻게 생겼는지 이야기해볼까요?

엄마, 아빠 중 누구를 닮았는지, 아니면 다른 유명인을 닮았는지

영어로 표현해 볼 수 있어요.

마법 패턴 05
look like ~ ~를 닮다, ~처럼 보이다
look ~ ~하게 보인다

'보다'라는 의미를 가진 동사 look은 외모를 표현할 때 아주 유용한 단어에요.
「look like+명사」 ~를 닮다, ~처럼 보이다
「look+형용사」 ~하게 보이다. ~한 것 같다

1. 나는 엄마를 닮았다.   I **look like** my mom.
2. 누나는 아빠를 닮았다.   My sister **looks like** my dad.
3. 그는 박보검을 닮았다.   He **looks like** Park Bo-gum.
4. 안나는 여왕처럼 보였다.   Anna **looked like** a queen.
5. 아빠는 오늘 피곤해 보이신다.   My dad **looks** tired today.
6. 그들은 행복해 보였다.   They **looked** happy.

마법 패턴과 주어진 단어를 이용하여 문장을 만들어 보기

1 나는 삼촌을 닮았다. my uncle

2 내 여동생은 이모를 닮았다. my aunt

3 그는 영화배우처럼 생겼어. a movie star

4 그는 슈퍼히어로처럼 보였다. a superhero

5 도널드는 오늘 슬퍼 보인다. sad

6 우리 삼촌은 마동석 닮았다. Ma Dongseok

7 우리 할머니는 나이에 비해 멋져 보인다. great, for her age

★ **for her age** (그녀의) 나이에 비해

Answer
1 I look like my uncle. 2 My sister looks like my aunt. 3 He looks like a movie star. 4 He looked like a superhero. 5 Donald looks sad today. 6 My uncle looks like Ma Dongseok. 7 My grandmother looks great for her age.

01 주어진 질문에 3줄로 답해보기

Q Who do you look like in your family?
너는 가족 중에서 누구를 닮았어?

1 I look like my sister.   나는 누나랑 많이 닮았다.

2 We both look like our father.   우린 둘 다 아빠를 닮았다.

3 But I don't look like my mother at all.
하지만 난 엄마는 전혀 닮지 않았다.

★ not ~ at all 전혀 ~가 아니다

단어 상자

family 가족	parents 부모	father 아버지
dad 아빠	mother 어머니	mom 엄마
sibling 형제 자매	brother 남자 형제 (남동생, 오빠, 형)	sister 여자 형제(여동생, 언니, 누나)
child 아이	daughter 딸	son 아들
grandparents 조부모	grandfather [grandpa] 할아버지	grandmother [grandma] 할머니

02 주어진 질문에 3줄로 답해보기

Q What celebrity do you look like?
너는 유명인 누구랑 닮았어?

1 My friends say I look like Chungha.
   친구들 말로는 나는 청하를 닮았다고 한다.

2 But I really don't. 하지만 사실 그렇지 않다.

3 I actually look like IU. 난 실제로는 아이유를 닮았다.

★ **celebrity** 셀럽, 유명 인사   **really** 사실, 정말로   **actually** 실제로는

Q. What celebrity do you look like? 너는 유명인 누구랑 닮았어?

1 My friends say I look like _____. 친구들 말로는 나는 _____랑 닮았다고 한다.

2 But I really _____. 하지만 사실 나는 그렇지 않다.

3 I actually look like _____. 나는 실제로는 _____랑 닮았다.

마법 패턴 06 나는 ~가 있다
마법 패턴 07 나는 ~를 잘한다
마법 패턴 08 나는 항상 ~

What is your family like?

가족들 얘기를 해주겠니?

내 이야기 하면서 나의 가족 이야기를 빠트릴 수 없죠.

우리 가족은 어떻게 구성되어 있는지, 무엇을 잘하는지,

가족들과는 얼마나 자주 대화하는지를 영어로 표현해 볼 수 있어요.

06 마법 패턴

I have ~   나는 ~가 있다

have는 여러 가지 의미로 사용되요. '~(가지고) 있다' 로 많이 쓰이지만 '먹다, 마시다' 라는 뜻으로도 쓰입니다. '~가지고 있지 않다, 없다' 로 쓰고 싶으면 have 앞에 do not을 붙이면 됩니다.

주어가 he, she, Pengsu, Linda, Tony 처럼 3인칭 단수일 때는 have가 아닌 has, do not have가 아닌 does not have를 씁니다.

1. 저는 여동생이 한 명 있어요. **I have** a little sister.
2. 저는 LA에 이모가 있어요. **I have** an aunt in LA.
3. 나에겐 '주주' 라는 별명이 있어. **I have** a nickname 'Juju'.
4. 나는 애완 동물을 키우지 않아요. **I don't have** any pets.
5. 그는 남동생이 두 명 있다. **He has** two brothers.
6. 린다에게는 삼돌이라는 이름의 강아지가 있어. **Linda has** a dog named Samdol.

★ **any** 어떤

마법 패턴과 주어진 단어를 이용하여 문장을 만들어 보기

1. 나는 누나가 세 명 있어. **three sisters**

2. 나는 부산에 삼촌이 있어요. **an uncle in Busan**

3. 리사는 방콕에 언니가 한 명 있어요. **a sister in Bangkok**

4. 나는 미미라는 고양이가 있다. **a cat named Mimi**

5. 그는 레오라는 이름의 강아지가 있어. **a dog named Leo**

6. 나는 사촌 형제가 없어. **any cousins**

7. 그녀는 남자 형제가 없어. **any brothers**

Answer
1 I have three sisters. 2 I have an uncle in Busan. 3 Lisa has a sister in Bangkok. 4 I have a cat named Mimi. 5 He has a dog named Leo. 6 I don't have any cousins. 7 She doesn't have any brothers.

01 주어진 질문에 3줄로 답해보기

Q Do you have any siblings? 너는 형제자매가 있어?

1. No. I don't have any brothers or sisters.
   나는 형제도 자매도 없어.

2. I'm an only child. 난 외둥이야.

3. But I have a dog named Tommy.
   하지만 난 토미라고 하는 개 한 마리가 있어.

★ sibling 형제자매

relative 친척	aunt 이모, 고모, 숙모	uncle 삼촌, 외삼촌
cousin 사촌	nephew 남자 조카	niece 여자 조카
pet 반려동물	dog 개	cat 고양이
hamster 햄스터	turtle 거북이	spider 거미
parrot 앵무새	snake 뱀	goldfish 금붕어

02 주어진 질문에 3줄로 답해보기

Q Can you tell me about your relatives?
너의 친척들에 대해 이야기 해줄래?

1 **I have grandparents in Incheon.**
   할아버지와 할머니가 인천에 계신다.

2 **I have uncles and aunts there.** 거기에는 삼촌과 숙모도 계셔.

3 **I have cousins, too.** 사촌들도 있어.

Q. Can you tell me about your relatives? 너의 친척들에 대해 이야기 해줄래?

1 I have _____ .   나는 _____ 가 있어.

2 I have _____ .   나는 _____ 가 있어.

3 I have _____ , too.   _____ 도 있어.

I am good at ~ 나는 ~를 잘한다

나 또는 다른 누군가의 능력을 표현할 수 있는 패턴입니다. '무엇인가를 잘한다'라고 말하고 싶을 때는 「be good at + 명사」 또는 「be good at + -ing」으로 표현할 수 있어요. 내가 잘하는 것, 또는 가족, 친구들이 잘하는 것을 찾아 표현해 보세요.

1. 나는 사회 과목을 잘한다.   **I am good at** social studies.

2. 나는 배구를 잘한다.   **I'm good at** volleyball.

3. 나는 이름을 잘 외워.   **I am good at** memorizing names.

4. 우리 언니는 그림을 잘 그린다.   **My sister is good at** drawing.

5. 연아는 축구를 잘한다.   **Yuna is good at** soccer.

6. 나는 과학을 잘 못한다.   **I'm not good at** science.

★ **social studies** 사회(과목)   **memorizing names** 이름 기억하기   **drawing** 그림 그리기

마법 패턴과 주어진 단어를 이용하여 문장을 만들어 보기

1 나는 수학을 잘한다. math

2 나는 휘파람을 잘 분다. whistling

3 나는 사람 얼굴을 잘 기억한다. memorizing faces

4 남준이는 영어를 잘한다. English

5 우리 아빠는 설거지를 잘하신다. washing the dishes

7 난 컴퓨터 게임을 잘 못해. computer games

8 내 남동생은 줄넘기를 잘 못해. jumping rope

Answer

1 I am good at math. 2 I am good at whistling. 3 I'm good at memorizing faces. 4 Namjun is good at English. 5 My dad is good at washing the dishes. 6 I'm not good at computer games. 7 My brother is not good at jumping rope.

 **01** 주어진 질문에 3줄로 답해보기

Q What are your siblings good at?
너의 형제들은 무엇을 잘해?

1 My brother is good at making things.   우리 형은 뭔가를 잘 만든다.

2 My sister is good at paper cutting.   여동생은 종이 오리기를 잘한다.

3 I am good at housework.   난 집안일을 잘한다.

★ **cut** 자르다   **housework** 집안일

ride a bike 자전거 타다	draw pictures 그림을 그리다	dance 춤추다
sing a song 노래하다	swim 수영하다	wash the dishes 설거지하다
do the laundry 빨래를 하다	set the table (밥)상을 차리다	water the plants 화분에 물주다
clean 청소하다	cook 요리하다	fix 수리하다

02 주어진 질문에 3줄로 답해보기

Q. What is your father good at? 너희 아빠는 무엇을 잘하셔?

1 He is good at cooking. 아빠는 요리를 잘하셔.

2 He is also good at fixing things. 또 물건도 잘 고치시지.

3 But he is not good at computer games.
   하지만 컴퓨터 게임은 잘 못하셔.

★ **also** 또한, 또

Q. What is your father good at? 너희 아빠는 무엇을 잘하셔?

1 He is good at _____. 아빠는 _____를 잘하셔.

2 He is also good at _____. _____도 잘하시지.

3 But he is not good at _____. 하지만 _____는 잘 못하셔.

마법 패턴 08

I always ~ 나는 항상 ~

나와 우리 가족 또는 다른 사람들이 어떤 일을 얼마나 자주 하는지 말하고 싶을 때 쓸 수 있는 표현이 바로 빈도 부사입니다. 빈도 부사는 do, go, play 와 같은 일반동사 앞에 쓰지만, be동사와 쓸 때는 동사 뒤에 씁니다.

★ **always** 늘, 항상 **usually** 보통 **often** 자주 **sometimes** 때때로 **never** 절대로 ~ 않다

1. 나는 일요일에는 항상 늦잠을 잔다.
   I **always** get up late on Sundays.

2. 나는 사촌들과 자주 통화한다.
   I **often** call my cousins.

3. 나는 때때로 오빠와 함께 학교에 간다.
   I **sometimes** go to school with my brother.

4. 아빠는 맨날 바쁘시다.
   My dad is **always** busy.

5. 우리 누나는 보통 아침을 안 먹는다.
   My sister **usually** skips breakfast.

6. 엄마는 때때로 차로 나를 학교에 데려다 주신다.
   My mom **sometimes** drives me to school.

★ **skip** 건너뛰다

마법 패턴과 주어진 단어를 이용하여 문장을 만들어 보기

1 나는 우리 엄마를 항상 믿는다. trust my mom

2 나는 보통 7시에 일어난다. get up at 7

3 나는 종종 혼자 저녁밥을 먹는다. have dinner alone

4 나는 때때로 형이랑 축구를 한다. play soccer with my brother

5 우리 이모는 항상 나에게 잘 해주신다. is kind to me

6 할아버지는 자주 화를 내신다. gets angry

7 그녀는 밤에는 커피를 절대 마시지 않는다. drinks coffee at night

Answer

1 I always trust my mom. 2 I usually get up at 7. 3 I often have dinner alone. 4 I sometimes play soccer with my brother. 5 My aunt is always kind to me. 6 My grandfather often gets angry. 7 She never drinks coffee at night.

01 주어진 질문에 3줄로 답해보기

Q How often do you see with your relatives?
너는 친척들이랑 얼마나 자주 보니?

1 We always gather to celebrate Korean thanksgiving.
   우리는 추석을 보내기 위해 항상 모여요.

2 I play smartphone games with my cousins.
   사촌들과는 스마트폰 게임을 해요.

3 I often call them.   사촌들에게 전화도 자주 해요.

★ **gather** 모이다   **celebrate** 축하하다, 기념하다

단어 상자

get up 일어나다	**wash my face** 세수를 하다
have ~ for breakfast (lunch / dinner) 아침 (점심 / 저녁) 식사로 ~를 먹다	**get dressed** 옷을 입다
hang out with ~ ~랑 어울려서 놀다	**walk the dog** 개를 산책시키다
watch a video on YouTube 유튜브로 동영상을 보다	**take a shower** 샤워하다
brush my teeth 이를 닦다	**say good night to** ~에게 잘 자라고 인사하다

 주어진 질문에 3줄로 답해보기

 Q How often do you talk to your family?
너는 가족과 얼마나 자주 대화하니?

1 I often talk to my older sister.   나는 언니와 자주 대화한다.

2 I sometimes talk to my parents.   부모님과는 때때로 대화한다.

3 They're always busy.   그들은 항상 바쁘시거든.

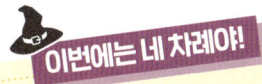 이번에는 네 차례야!

Q. How often do you talk to your family?
너는 가족과 얼마나 자주 대화하니?

1 I often talk to _____. _____와 자주 이야기한다.

2 I sometimes talk to _____. 때때로 _____와도 이야기한다.

3 They _____. 그들은 _____거든.

마법 패턴 09　~가 있다
마법 패턴 10　~에 가본 적이 있다
마법 패턴 11　나는 ~했었다
마법 패턴 12　날씨 / 시간 / 요일 표현하기

Where do you live?

사는 곳은 어디니?

자신이 살고 있는 동네에 대해 이야기 해 볼까요?

우리 동네에는 어떤 가게가 있고, 어떤 건물들이 있는지,

예전에는 놀이터였던 자리에 지금은 무엇이 세워졌는지 한번 둘러보세요.

그리고 그것을 영어로 표현해 볼 수 있어요.

There is ~ ~가 있다

'~에 …가 있어요' 처럼 내가 살고 있는 곳을 이야기하고 싶을 때 사용할 수 있는 표현입니다. there is 다음에는 단수명사가 오고, there are 다음에는 복수 명사가 와요. 「there is[are]+단수[복수]명사+장소를 나타내는 말」 형태를 이용하여, '~에 …가 있다'를 표현해보세요.

1 우리 동네 근처에는 커다란 호수가 있어.
   There is a huge lake near my town.

2 이 근처에 맛집이 하나 있어요.
   There is a good restaurant near here.

3 시청 앞에 동상이 하나 있어.
   There is a statue in front of City Hall.

4 시내에는 식당들이 많이 있어요.
   There are a lot of restaurants downtown.

5 축구장에 남자 아이들이 좀 있다.
   There are some boys on the soccer field.

6 우리 집 주변에는 놀이터가 없다.
   There is no playground in my neighborhood.

★ **huge** 커다란, 아주 큰   **statue** 동상   **in front of** ~의 앞에   **a lot of** 많은
   downtown 시내에   **some** 약간의, 좀   **there is no ~** ~가 없다

마법 패턴과 주어진 단어를 이용하여 문장을 만들어 보기

1. 내가 사는 도시에는 해변이 있어요. a beach in my city

2. 우리 집 주변에 마트가 하나 있어요. a market in my neighborhood

3. 공원에 분수가 하나 있어요. a fountain in the park

4. 기차에 사람이 많이 있어요. a lot of people on the train

5. 이 건물에 PC 방이 몇 개 있어요. some Internet cafés in this building

6. 우리 반은 남학생이 10명이다. ten boys in my class

7. 우리 동네엔 랜드마크라 할 만한 게 없어요. no landmarks in my town

★ **landmark** 랜드마크(멀리서 보고 위치 파악에 도움이 되는 대형 건물 같은 것)

Answer

1 There is a beach in my city.   2 There is a market in my neighborhood.   3 There is a fountain in the park.
4 There are a lot of people on the train.   5 There are some Internet cafés in this building.   6 There are ten boys in my class.   7 There are no landmarks in my town.

 **01 주어진 질문에 3줄로 답해보기**

Q Can you tell me about your town?
너희 동네에 대해 이야기해 줄래?

1 There is a park in my town. 우리 동네에는 공원이 하나 있어요.

2 There is a fountain in the middle of the park.
그 공원 가운데에는 분수가 하나 있어요.

3 There is a statue, too. 그리고 동상도 있어요.

neighborhood 근처, 이웃	downtown 시내에	playground 놀이터
building 건물	bank 은행	church 교회
hospital 병원	library 도서관	park 공원
restaurant 식당	City Hall 시청	kindergarten 유치원
fire station 소방서	police station 경찰서	shopping mall 쇼핑몰

02 주어진 질문에 3줄로 답해보기

 **Q. What is in the downtown area?** 시내에는 뭐가 있나요?

1 There are some restaurants. 식당이 좀 있어요.

2 There is a shopping mall, too. 쇼핑몰도 하나 있고요.

3 But other than those, there's nothing interesting.
하지만 그거 빼고는, 흥미로운 것은 없어요.

★ **other than those** 그것들 빼고는, 그거 제외하고는　**interesting** 흥미로운

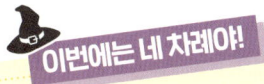

Q. What is in the downtown area? 시내에 뭐가 있나요?

1　There ＿＿＿＿＿＿＿＿＿＿＿＿＿＿＿. ＿＿＿＿가 있어요.

2　There ＿＿＿＿＿＿＿＿＿＿＿＿＿＿＿. ＿＿＿＿가 있어요.

3　There ＿＿＿＿＿＿＿＿＿＿＿＿, too. ＿＿＿＿도 있어요.

I have been to ~
~에 가본 적이 있다

'새로 생긴 가게나 쇼핑몰에 다녀왔어, 또는 가본 적 있어' 라고 표현하고 싶을 때는 「have been to+장소」를 사용해서 표현할 수 있어요. '가본 적 없다' 라고 하고 싶을 때는 「have not[never] been to ~」라고 표현하면 돼요.

1. 나는 전주 한옥 마을에 가본 적이 있다.
   I have been to Jeonju Hanok Village.

2. 나는 새로 생긴 쇼핑몰에 다녀왔다.
   I have been to the new shopping mall.

3. 그는 대구에 다녀왔다.
   He has been to Daegu.

4. 나는 아직 PC방에 가본 적이 없다.
   I haven't been to an Internet café yet.

5. 나는 외국에 나가본 적이 없다.
   I have never been overseas.

   have not의 줄임

6. 그는 아직 그의 아버지 고향에 가본 적이 없다.
   He hasn't been to his father's hometown yet.

   has not의 줄임

★ **yet** 아직　**overseas** 해외에, 외국으로

마법 패턴과 주어진 단어를 이용하여 문장을 만들어 보기

1 나는 인천에 가본 적이 있다. Incheon

2 나는 에버랜드에 다녀왔다. Everland

3 나는 광주에 한 번 다녀온 적이 있다. Gwangju once

4 엘사는 북극에 다녀왔다. the North Pole

5 나는 아직 방탈출 카페에 가본 적이 없다. a Room Escape Café yet

6 라이언은 아직 카카오프렌즈 스토어에 가본 적이 없다. a Kakao Friends store yet

7 나는 하와이에 가본 적이 없어요. never, Hawaii

Answer
1 I have been to Incheon. **2** I have been to Everland. **3** I have been to Gwangju once. **4** Elsa has been to the North Pole. **5** I haven't been to a Room Escape Café yet. **6** Ryan hasn't been to a Kakao Friends store yet. **7** I have never been to Hawaii.

01 주어진 질문에 3줄로 답해보기

Q Have you ever been to Hawaii?
너는 하와이에 가본 적이 있어?

1 No, I haven't been to Hawaii yet. 아니, 하와이는 아직 가본 적이 없어.

2 I have been to the US once. 미국은 한 번 간 적이 있어

3 But that was New York, not Hawaii.
하지만 하와이는 아니고 뉴욕이었어.

 단어 상자

museum 박물관	amusement park 놀이 공원	zoo 동물원
aquarium 수족관, 아쿠아리움	temple 절, 사원	theater 극장
department store 백화점	bookstore 서점	bakery 빵가게
toy store 장난감 가게	food court 푸드코트	clothing store 옷가게
grocery shop 식료품 가게	shoe store 신발 가게	ice cream shop 아이스크림 가게

 **02** 주어진 질문에 3줄로 답해보기

Q Have you been to Namsan seoul Tower?
남산 서울 타워에 가본 적 있나요?

1. No, I haven't been to Namsan Seoul Tower yet.
   아니, 남산 서울 타워는 아직 가본 적이 없어.

2. I have been to Namsan. 남산은 가본 적이 있어.

3. But that was Hanok Village, not Tower.
   하지만 타워가 아니라 한옥 마을이었어.

 이번에는 네 차례야!

Q. Have you ever been to _____? 너는 _____에 가본 적이 있어?

1. No, I haven't been to ✎_____. 아니, _____ 아직 가본 적이 없어.

2. I have been to ✎_____ once. _____ 한 번 간 적이 있어

3. But that was ✎_____, not _____. 하지만 _____는 아니고 _____ 이었어.

I used to ~ 나는 ~ 했었다

'예전에 나는 서울에 살았어요', '전에는 여기 학교가 있었는데' 처럼 예전에는 그랬는데 지금은 그렇지 않다를 표현할 때는 「used to + 동사원형」으로 표현할 수 있어요.

1 나는 예전에 서울에 살았어요.
I used to live in Seoul.

2 예전에는 할머니 할아버지랑 같이 살았어요.
I used to live with my grandparents.

3 예전에는 좀 더 자주 친척집을 방문했어요.
I used to visit my relatives more often.

4 예전에 아빠는 매일 달리기를 하셨다.
My dad used to run every day.

5 예전에는 여기에 놀이터가 있었어.
There used to be a playground here.

6 예전에는 집 바로 옆에 유치원이 있었어.
There used to be a kindergarten next to my house.

마법 패턴과 주어진 단어를 이용하여 문장을 만들어 보기

1 나는 예전에 일산에 살았다. *live in Ilsan*

---

2 예전에는 아파트에 살았어요. *live in an apartment*

---

3 예전에는 일요일에 친구들이랑 카트라이더 게임을 했었다. *play Kart Rider with my friends on Sundays*

---

4 나는 예전에는 학교에 지각하곤 했다. *be late for school*

---

5 아빠는 예전에는 담배를 많이 피셨다. *smoke a lot*

---

6 예전에는 길 건너에 공원이 하나 있었어. *a park across the street*

---

7 예전에는 여기에 나무가 많이 있었어. *a lot of trees here*

Answer

1 I used to live in Ilsan. **2** I used to live in an apartment. **3** I used to play Kart Rider with my friends on Sundays. **4** I used to be late for school. **5** My dad used to smoke a lot. **6** There used to be a park across the street. **7** There used to be a lot of trees here.

01 주어진 질문에 3줄로 답해보기

 Q Are you from Seoul? 너는 서울 출신이니?

1 No, I used to live in Daegu. 아니요. 예전에 대구에 살았어요.

2 My family is from Daegu. 우리 가족 고향은 대구이거든요.

3 We moved to Seoul last year. 우린 작년에 서울로 이사했어요

★ move 이사하다

hang out 놀다	listen to music 음악을 듣다	ride a bike 자전거를 타다
kick the ball 공을 차다	throw the ball 공을 던지다	catch the ball 공을 잡다
go for a walk 산책하다	jump 뛰다	hop 깡총 뛰다
dribble 드리블하다	swing 그네	slide 미끄럼틀
seesaw 시소	jungle gym 정글짐	sandbox 모래놀이장

02 주어진 질문에 3줄로 답해보기

Q. Can you tell me about your school?
너희 학교에 대해 이야기 해줄래?

1 There used to be a playground at my school.
예전에 학교에 운동장이 있었어.

2 Students used to hang out there. 학생들은 거기에서 놀곤 했어.

3 But now, there's a new building instead.
그러나 이제는 대신 새 건물이 들어섰어.

★ **instead** 대신

이번에는 네 차례야!

Q. Can you tell me about your school? 너희 학교에 대해 이야기 해줄래?

1 There used to be ✎ _____. 예전에는 _____ 있었어.

2 Students used to ✎ _____ there. 학생들은 거기에서 _____.

3 But now, there's a ✎ _____ instead. 그러나 이제는, 대신 _____ 있어.

It is ~ 날씨 / 시간 / 요일 표현하기

마법 패턴 12

날씨, 시간, 요일, 날짜 등에 대해 표현하고 싶을 때는 it is을 사용하여 문장을 만들어요.

1. (날씨가) 화창하다. **It is** sunny.
2. 비 온다. **It's** raining.
3. 밖은 덥다. **It's** hot outside.
4. 오늘 서울은 후덥지근하다. **It's** humid in Seoul today.
5. 벌써 정오에요. **It's** already noon.
6. 오늘은 토요일이다. **It's** Saturday today.

★ **already** 벌써, 이미   **noon** 정오, 낮 12시

마법 패턴과 주어진 단어를 이용하여 문장을 만들어 보기

1 구름 낀 날씨네요. cloudy

2 눈이 와요. snowing

3 밖의 날씨가 춥네요. cold outside

4 오늘은 덥고 후덥지근하다. hot and humid today

5 부산은 바람이 불어요. windy in Busan

6 저녁 8시에요. 8 p.m.

7 오늘은 일요일이다. Sunday today

Answer
1 It is cloudy. 2 It's snowing. 3 It's cold outside. 4 It's hot and humid today. 5 It's windy in Busan.
6 It is 8 p.m. 7 It's Sunday today.

01 주어진 질문에 3줄로 답해보기

 **Q How is the weather in Seoul today?**
오늘 서울 날씨는 어때?

1 It's not hot.   덥지는 않아요.

2 It's not humid at all.   전혀 습하지도 않고요

3 It's perfect weather for biking.   자전거 타기에 딱 좋은 날씨에요.

★ **not ~at all** 전혀 ~가 아니다   **perfect** 완벽한, 딱 좋은

weather 날씨	snowy 눈오는	rainy 비오는
cloudy 구름 낀	sunny 햇살이 눈부신	fine 화창한, 좋은
warm 따뜻한	hot 더운	humid 습한, 꿉꿉한
dry 건조한	windy 바람부는	stormy 폭풍치는, (날씨가) 험악한
cool 시원한	chilly 쌀쌀한	cold 추운

02 주어진 질문에 3줄로 답해보기

Q. How's the weather in Jeju today?
오늘 제주 날씨는 어때?

1 It's beautiful. 화창해요.

2 It's warm. 따뜻한 날씨에요.

3 It's perfect weather for swimming.
   수영하기에 딱 좋은 날씨에요.

 이번에는 네 차례야!

Q. How's the weather in _____? _____ 날씨는 어때?

1 It's ✎ _____. _____ 해요.

2 It's ✎ _____. _____ 해요.

3 It's perfect weather for ✎ _____. _____ 하기에 딱 좋은 날씨에요.

마법 패턴 13   나는 ~ 해야 한다
마법 패턴 14   ~하는 데 …(만큼의 시간)이 걸리다
마법 패턴 15   나는 ~에 관심이 있다
마법 패턴 16   ~인 것 같다, ~처럼 보인다
마법 패턴 17   나는 ~하기를 정말 기대하고 있다

Do you like school?

학교 다니는 건 괜찮아?

좋든, 싫든 학교는 집과 함께 우리 생활의 가장 중요한 부분이죠. 학교에서 지켜야 할 규칙도 있지만, 또 항상 기다려지는 현장 학습이나 방학도 있죠. 학교 생활 중에서 힘들어도 꼭 해야 하는 일이나, 또는 손꼽아 기다리고 있는 일들에 대해서 생각해 보세요. 그리고 영어로 표현해 보세요.

I have to ~ 나는 ~ 해야 한다

학교는 집보다는 반드시 해야 할 일과 지켜야 할 것들이 많죠. 이렇게 꼭 해야 할 일이나 지켜야 할 것에 대해 말할 때 「have to+동사원형」으로 표현해요. 주어가 he, she, Jennie, Minho 처럼 3인칭 단수일 때는 「has to+동사원형」을 써요.

1 나는 학교까지 걸어가야 한다.
I have to walk to school.

2 나는 월요일까지 숙제를 끝내야 한다.
I have to finish my homework by Monday.

3 우리는 교실에서 마스크를 써야 합니다.
We have to wear masks in the classroom.

4 그들은 쪽지 시험 준비를 해야 한다.
They have to study for a quiz.

5 시원이는 발표를 해야 한다.
Siwon has to make a presentation.

6 마크는 책을 반납해야 한다.
Mark has to return the book.

★ **make a presentation** 발표하다   **return** 반납하다, 돌려주다

마법 패턴과 주어진 단어를 이용하여 문장을 만들어 보기

1 나는 시간 맞춰 가야 한다. be on time

2 나는 프로젝트 준비를 해야 돼요. prepare for the project

3 너는 그것을 지금 당장 끝내야 한다. finish it right away

4 우리는 이 방에서는 조용히 있어야 한다. keep quiet in this room

5 그는 보고서를 제출해야 한다. hand in the report

6 선미는 의사에게 진찰을 받아야 해. see a doctor

7 민호는 기말고사 공부를 해야 한다. study for his finals

★ **be on time** 시간 맞춰 가다   **right away** 바로, 당장

Answer

1 I have to be on time. 2 I have to prepare for the project. 3 You have to to finish it right away. 4 We have to keep quiet in this room. 5 He has to hand in the report. 6 Sunmi has to see a doctor. 7 Minho has to study for his finals.

01 주어진 질문에 3줄로 답해보기

Q: What do you have to do for Ms. Park's class?
박선생님 수업에는 무엇을 해야 해?

1. I have to do research for a project.
   과제 때문에 조사를 해야 돼.

2. I have to meet with my group, too. 조원들도 만나야 하고.

3. Then we have to prepare for the presentation.
   발표 준비도 해야 돼.

단어 상자

project 프로젝트, 과제	presentation 발표	prepare 준비하다
exam 시험	quiz 쪽지 시험	finals 기말 시험
research 조사, 연구	class 수업	subject 과목
textbook 교과서	grade 성적	pass 합격하다
report 보고서	book report 독서 감상문	hand in 제출하다

02 주어진 질문에 3줄로 답해보기

Q **What do you have to do this week?**
이번 주에 너는 무엇을 해야 하니?

1 I have to study for a math quiz.   수학 시험 공부를 해야 해요.

2 I also have to finish my homework.   숙제도 끝내야 해요.

3 It is due on Tuesday.   화요일까지거든요.

★ be due on ~   ~까지 마감이다

이번에는 네 차례야!

Q. What do you have to do this week?   이번 주에 너는 무엇을 해야 하니?

1 I have to _____.   _____를 해야 해요.

2 I also have to _____.   _____도 해야 되요

3 It is due on _____.   _____까지 해야 되거든요.

It takes ~ ~(만큼의 시간)이 걸리다

책도 읽고 싶고, 유투브도 보고 싶고, 친구랑 놀고도 싶지만, 학교와 학원 숙제 하기에도 시간이 부족하죠. '숙제하는데 시간이 얼마나 걸리나요?'에 대한 대답으로 '~하는 데 …만큼의 시간이 걸린다'라고 표현하고 싶을 때는 「It takes 시간 to ~」를 사용하면 되요. '누가 ~ 하는 데 시간이 걸리다'라고 표현할 때는 「It takes 사람+시간+to~」를 쓰면 됩니다.

1. 학교까지 가는 데 30분이 걸려.
   It takes 30 minutes to get to school.

2. 체육관까지는 차로 가면 대략 10분쯤 걸려.
   It takes about 10 minutes to get to the gym by car.

3. 자전거 수리하는 데 1시간 정도 걸립니다.
   It takes an hour to fix the bike.

4. 엄마가 퇴근해서 집에 오는 데 한 시간 정도 걸린다.
   It takes my mom about an hour to get home from work.

   > '누가 ~ 하는 데 시간이 걸린다'라고 할 때는 「사람+시간+to 동사원형」을 쓰면 되요.

5. 파일 다운로드 받는 데 오래 걸릴 거예요.
   It will take a long time to download the file.

6. 그 사람은 점심 식사 마치는 데 10분 걸렸다.
   It took him 10 minutes to finish his lunch.

★ **get to** ~에 도착하다   **download** ~을 내려받다

마법 패턴과 주어진 단어를 이용하여 문장을 만들어 보기

1 답변하는 데는 1~2분 정도 걸립니다. a minute or two, reply

2 그 단원을 읽는 데는 한 시간 정도 걸려요. about an hour, read the chapter

3 재민이는 등교하는 데 5분이 걸린다. Jaemin, five minutes, get to school

4 그 영상 편집하려면 3시간 정도 걸릴 거에요. about three hours, edit the video

5 백신을 개발하려면 아주 오랜 시간이 걸릴 거야. a long time, develop a vaccine

6 준호는 옷 입는 데 5분이 걸렸다. Junho, five minutes, get dressed

7 혜리가 숙제 끝내는 데 1시간이 걸렸어. Hyeri, an hour, finish homework

★ **reply** 대답하다   **edit** 편집하다   **develop** 개발하다   **vaccine** 백신

Answer

1 It takes a minute or two to reply.   2 It takes about an hour to read the chapter.   3 It takes Jaemin five minutes to get to school.   4 It will take about three hours to edit the video.   5 It will take a long time to develop a vaccine.   6 It took Junho five minutes to get dressed.   7 It took Hyeri an hour to finish homework.

01 주어진 질문에 3줄로 답해보기

Q How long does it usually take you to finish your homework? 너는 보통 숙제 끝내는 데 얼마나 걸리니?

1 It takes about 30 minutes. 대략 30분 걸려요.

2 Sometimes it takes more. 때론 더 걸리기도 해요.

3 But it won't take more than an hour.
그래도 한 시간까지는 안 걸려요.

★ it won't take more than ~ ~이상은 걸리지 않을 거야

second 초	minute 분	hour 시
day 일, 날	month 월, 달	year 년, 해
subway 지하철	bus 버스	taxi 택시
school bus 스쿨 버스	car 차	bicycle(=bike) 자전거
boat 보트	ship 배	airplane 비행기

02 주어진 질문에 3줄로 답해보기

Q How long does it take you to get to school?
너는 학교 가는 데 시간이 얼마나 걸려?

1. It normally takes 20 minutes. 보통 20분 정도 걸려요.

2. It never takes more than 30 minutes. 30분 이상은 안 걸려요.

3. It takes 10 minutes if I run. 뛰어가면 10분 걸려요.

★ **normally** 평상시에, 보통　**if I run** (내가) 뛰어가면

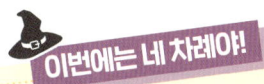

Q. How long does it take you to get to school?
너는 학교 가는 데 시간이 얼마나 걸려?

1. It normally takes _____. 보통 _____ 정도 걸려요.

2. It never takes more than _____. _____ 이상은 안 걸려요.

3. It takes _____ if I run. 뛰어가면 _____ 분 걸려요.

마법 패턴 15
I am interested in ~
나는 ~에 관심이 있다

학교 수업이 다 재미있고 관심있을 수는 없죠. 하지만 그래도 나의 관심을 끄는 과목이나 분야가 있을 거예요. 이렇게 관심이나 흥미를 느끼고 있는 것을 나타낼 때는 「I am interested in ~」이라고 표현해요.

1. 나는 지도에 관심이 있다.
   I am interested in maps.

2. 나는 요리에 관심이 있어.
   I am interested in cooking.

3. 나는 다른 나라들에 관심이 있다.
   I'm interested in different countries.

4. 나는 우주에 관심이 있어요.
   I'm interested in the universe.

5. 수진이는 역사 과목에 관심이 있어.
   Sujin is interested in history.

6. 내 남동생은 공룡에 흥미를 가지고 있어.
   My little brother is interested in dinosaurs.

★ **different** 다른　**country** 나라　**dinosaur** 공룡

마법 패턴과 주어진 단어를 이용하여 문장을 만들어 보기

1. 나는 동물에 관심이 있다. animals

2. 나는 과학 과목에 흥미를 가지고 있다. science

3. 나는 사진 찍는 거에 관심이 있어. taking pictures

4. 나는 다른 나라 언어에 관심이 있어. different languages

5. 민수는 자동차에 관심이 있다. cars

6. 난 운동에는 관심 없어요. sports

7. 그녀는 셀러브리티(유명인)에 관심 없어요. celebrities

★ **take pictures** 사진을 찍다

Answer
1 I am interested in animals. 2 I'm interested in science. 3 I'm interested in taking pictures. 4 I'm interested in different languages. 5 Minsu is interested in cars. 6 I'm not interested in sports. 7 She is not interested in celebrities.

 **01** 주어진 질문에 3줄로 답해보기

Q What are you interested in? 너는 무엇에 관심이 있니?

1. I'm interested in different countries.
   나는 다른 나라들에 관심이 있다.

2. I'm interested in their languages and cultures.
   그들의 언어와 문화에 관심이 간다.

3. So I'm interested in geography.
   그래서 지리 과목에 흥미를 가지고 있다.

★ culture 문화

Korean language 국어	English 영어	math 수학
social studies 사회	geography 지리	history 역사
science 과학	universe 우주	star 별
experiment 실험	PE(= physical education) 체육	music 음악
art 미술	drawing 그리기	language 언어

02 주어진 질문에 3줄로 답해보기

 **What are you interested in?** 너는 무엇에 관심이 있니?

1 I'm interested in the universe.   전 우주에 관심이 있어요.

2 I'm especially interested in stars.   특히 별에 관심이 가요.

3 So I'm interested in science.   그래서 과학 과목에 흥미가 있어요.

★ **especially** 특히

 이번에는 네 차례야!

Q. What are you interested in? 너는 무엇에 관심이 있니?

1 I'm interested in _____.   전 _____에 관심이 있어요.

2 I'm especially interested in _____.   특히 _____에 관심이 가요

3 So I'm interested in _____.   그래서 _____에 흥미가 있어요.

seem to ~ ~인 것 같다, ~로 보인다

백 퍼센트 확신하는 것은 아니지만, 그래도 어느 정도 맞는 말을 하고 싶을 때 쓸 수 있는 표현이 바로 「seem to + 동사 원형」입니다.

1 지훈이는 결석한 것 같아.
Jihoon **seems to** be absent.

2 안나는 그 가수에게 반한 것 같아.
Anna **seems to** have a crush on the singer.

3 강선생님은 착하신 것 같아.
Mr. Kang **seems to** be nice.

4 새로 출시한 비디오 게임은 재미있는 것 같아.
The new video game **seems to** be interesting.

5 내 친구들 다 스마트폰을 가지고 있는 것 같아요.
All my friends **seem to** have smartphones.

6 새로운 선생님이 오신 것 같아.
We **seem to** have a new teacher.

★ **absent** 결석한　**have a crush on ~** ~에 반하다, 짝사랑에 빠지다.

마법 패턴과 주어진 단어를 이용하여 문장을 만들어 보기

1 그는 늦을 것 같다. be late

2 동원이는 재미있는 것 같아. be funny

3 민상이는 너무 많이 먹는 것 같아. eat too much

4 수학 수업은 어려워 보여. the math class, be difficult

5 이번 주 숙제는 쉬워 보여. this week's homework, be easy

6 새 과제는 정말 재미있어 보인다. the new project, be very interesting

7 우리 반에 전학생이 온 것 같아. we, have a new kid, in our class

Answer
1 He seems to be late. **2** Dongwon seems to be funny. **3** Minsang seems to eat too much. **4** The math class seems to be difficult. **5** This week's homework seems to be easy. **6** The new project seems to be very interesting. **7** We seem to have a new kid in our class.

01 주어진 질문에 3줄로 답해보기

Q How do you like the new game?
새로 나온 게임 어때?

1 It seems to be interesting. 재미있어 보여.

2 It seems to be a bit hard. 좀 어려워 보이기도 해.

3 But it seems to be good overall. 그래도 전체적으로 괜찮아 보여.

★ **a bit** 조금   **hard** 어려운(=difficult)   **overall** 전반적으로

단어 상자

cold 차가운   cheerful 명랑한   funny 웃기는, 재미있는
shy 수줍은   patient 인내심이 많은   friendly 붙임성 있는
honest 정직한   quiet 조용한   talkative 말이 많은
gentle 순한   picky 까탈스러운   nice 착한
strict 엄격한   generous 너그러운   rude 무례한

 ## 02 주어진 질문에 3줄로 답해보기

Q. How do you like your new classmates?
새로운 반 친구들은 어때?

1 They really seem to be funny.   그들은 정말 웃겨 보여요.

2 They seem to be nice, too.   또 아주 착해 보여요.

3 I like them.   전 그들이 맘에 들어요.

 이번에는 네 차례야!

Q. How do you like your new friends?   새로운 친구들 어때?

1 _____ seems to be _____.   _____은 _____해 보여요.

2 _____ seems to be _____.   _____은 _____해 보여요.

3 I _____ them.   전 그들이 _____.

마법 패턴 17

I am looking forward to ~

나는 ~하기를 정말 기대하고 있다

방학이나 친구의 생일 파티 등을 손꼽아 기다리며 기대를 많이 하곤 하죠. 이런 심정을 표현하고 싶을 때는 「I am looking forward to ~」를 이용할 수 있어요.

1. 체육 수업이 정말 기대가 돼요.
   I am looking forward to the PE class.

2. 여름방학을 손꼽아 기다리고 있다.
   I'm looking forward to summer vacation.

3. 휴가를 목빠지게 기다리고 있다.
   I am looking forward to the holiday.

4. 새로 오신 선생님과 빨리 이야기해 보고 싶다.
   I'm looking forward to talking to my new teacher.

5. 우린 리나의 생일파티를 손꼽아 기다리는 중이야.
   We're looking forward to Rina's birthday party.

6. 그녀는 관객들 앞에서 노래하는 것을 정말 원하고 있어요
   She is looking forward to singing in front of the audiences.

★ **in front of the audiences** 청중(관객)들 앞에서

마법 패턴과 주어진 단어를 이용하여 문장을 만들어 보기

1 나는 소풍을 기대하고 있어요. the field trip

2 나는 겨울 방학을 손꼽아 기다리고 있어요. winter break

3 학기말에 열리는 콘서트를 기대하고 있다. the concert at the end of the semester

4 그의 새로운 영화를 정말 기대하고 있어요. his new film

5 우리는 정말 다시 학교로 돌아가고 싶어요. going back to school

6 그는 새로운 프로젝트를 기대하고 있어요. the new project

7 그녀는 새 친구를 빨리 사귀고 싶어해요. making new friends

Answer

1 I am looking forward to the field trip. **2** I'm looking forward to winter break. **3** I am looking forward to the concert at the end of the semester. **4** I'm looking forward to his new film. **5** We are looking forward to going back to school. **6** He is looking forward to the new project. **7** She is looking forward to making new friends.

01 주어진 질문에 3줄로 답해보기

Q What are you looking forward to?
너는 무엇이 기대가 되니?

1 **I'm looking forward to becoming a six grader.**
나는 6학년이 되는 것을 손꼽아 기다리고 있어요.

2 **I'm looking forward to talking to new friends.**
새 친구들과 이야기하는 것이 엄청 기대되거든요.

3 **I'm already excited.** 벌써 신이 나요.

★ **already** 벌써, 이미   **excited** 신나는

school event 학교 행사   semester 학기
contest 대회   entrance ceremony 입학식
graduation ceremony 졸업식   sports day 운동회 날
field trip 현장학습, 소풍   school trip 수학여행
class election 학급 임원 선거   school talent show 학예회
vacation 방학   holiday 명절, 휴일

120

02 주어진 질문에 3줄로 답해보기

Q What event are you looking forward to?
너는 어떤 행사가 제일 기대가 되니?

1 I'm looking forward to the field trip.
나는 소풍이 너무 기대가 돼요.

2 I'm also looking forward to the concert at the end of the semester.
학기말에 열리는 콘서트도 엄청 기대하고 있고요.

3 We're going to sing in front of the audiences.
우린 청중들 앞에서 노래할 예정이거든요.

★ **be going to** ~할 예정이다

Q. What event are you looking forward to?
너는 어떤 행사가 제일 기대가 되니?

1 I'm looking forward to _____. 나는 _____ 이 너무 기대가 돼요.

2 I'm also looking forward to _____. _____ 도 엄청 기대하고 있고요.

3 I'm going to _____. _____ 할 예정이거든요.

마법 패턴 18   내가 가장 좋아하는 ~
마법 패턴 19   ~라고 생각한다, ~인 것 같다

Who is your favorite teacher?

어떤 선생님이 가장 좋니?

학교 생활에서 중요한 부분을 차지하는 것이 바로 "선생님"이죠.

제일 좋아하는 선생님은 어떤 분인가요? 또 여러분의 선생님은 어떤 분인가요?

상냥한 분인지, 숙제를 많이 내주시는 분인지,

엄격한 분인지, 영어로 표현해 보세요.

My favorite ~ 내가 가장 좋아하는~

가장 좋아하는 선생님, 가장 좋아하는 친구, 가장 좋아하는 장소 등 나의 취향을 확실하게 나타낼 때 쓸 수 있는 단어가 바로 favorite '가장 좋아하는' 입니다.
'내가 가장 좋아하는'은 my favorite 으로, '그가 가장 좋아하는'은 his favorite 으로 표현할 수 있어요.

1. 내가 제일 좋아하는 선생님은 임 선생님이셔.
   My favorite teacher is Ms. Lim.

   > ~씨, ~님, ~선생님 같은 호칭은 Mr.(남자), Ms.(여자)를 성이나 이름 앞에 붙여서 말해요.
   > Mr. Kim 김 선생님
   > Ms. Harris 해리스 선생님

2. 내가 제일 좋아하는 과목은 역사야.
   My favorite subject is history.

3. 내가 학교에서 가장 좋아하는 장소는 교내 식당이야.
   My favorite place in my school is the cafeteria.

4. 내가 학교 생활에서 가장 좋아하는 부분은 친구들이야.
   My favorite part of school is my friends.

5. 우리 반에서 난 지수가 제일 좋아.
   Jisoo is **my favorite** classmate.

6. 그가 제일 좋아하는 과목은 과학이야.
   His favorite subject is science.

마법 패턴과 주어진 단어를 이용하여 문장을 만들어 보기

1. 내가 제일 좋아하는 과목은 체육이야. **subject, PE**

2. 내가 제일 좋아하는 선생님은 유 선생님이야. **teacher, Mr.Yoo**

3. 학교에서 내가 제일 좋아하는 장소는 체육관이다. **place in my school, the gym**

4. 내가 학교 생활에서 제일 좋아하는 부분은 동아리 활동이다. **part of school, the club activities**

5. 영어는 내가 제일 좋아하는 과목이다. **English, subject**

6. 바움 선생님이 나는 제일 좋다. **Ms. Baum, teacher**

7. 그녀가 제일 좋아하는 선생님은 정 선생님이야. **her, teacher, Mr.Jeong**

Answer

1 My favorite subject is PE. 2 My favorite teacher is Mr. Yoo. 3 My favorite place in my school is the gym. 4 My favorite part of school is the club activities. 5 English is my favorite subject.(=My favorite subject is English.) 6 Ms. Baum is my favorite teacher.(=My favorite teacher is Ms. Baum.) 8 Her favorite teacher is Mr.Jeong.

01 주어진 질문에 3줄로 답해보기

Q Who is your favorite teacher?
제일 좋아하는 선생님이 누구니?

1 **My favorite teacher is Ms. Hill.**
내가 제일 좋아하는 선생님은 힐 선생님이셔.

2 **She teaches English.** 그녀는 영어 선생님이셔.

3 **But my favorite subject is math.**
하지만 가장 좋아하는 과목은 수학이야.

★ teach 가르치다

place 장소	classroom 교실	music room 음악실
art room 미술실	computer room 컴퓨터실	restroom 화장실
cafeteria 학교 식당	office 교무실	principal's room 교장실
nurse's office 보건실	science lab 과학 실험실	auditorium 강당
gym 체육관	school gate 학교 정문	playground 운동장, 놀이터

02 주어진 질문에 3줄로 답해보기

Q Who are your favorite people in your school? 학교에서 제일 맘에 드는 사람들은 누구야?

1 **My favorite friend is Brian.** 내가 제일 좋아하는 친구는 브라이언이야.

2 **My favorite teacher is Ms. Cho.**
내가 제일 좋아하는 선생님은 조 선생님이셔.

3 **They're my two favorite people at my school.**
그들이 학교에서 내가 가장 좋아하는 두 사람이야.

★ **people** 사람들

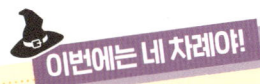

Q. Who are your favorite people in your school?
학교에서 제일 맘에 드는 사람들은 누구인가요?

1 My favorite friend is ✎ _____. 내가 제일 좋아하는 친구는 _____야.

2 My favorite teacher is ✎ _____. 내가 제일 좋아하는 선생님은 _____이셔.

3 **They're my two favorite people at my school.**
그들이 학교에서 내가 가장 좋아하는 두 사람이야.

I think ~ ~라고 생각한다, ~인 것 같다

선생님이나 친구에 대한 내 생각이나 의견을 말할 때 쓸 수 있는 표현이 바로 「I think ~」에요. '난 ~라고 생각해', '~인 것 같아' 라고 자신의 생각이나 의견을 조심스럽게 표현할 수 있습니다.

1 정 선생님은 엄격하신 것 같아.
I think Mr. Jeong is strict.

2 넬슨 선생님은 정말 좋은 선생님이신 것 같아요.
I think Ms. Nelson is a great teacher.

3 그 선생님 수업은 재미있는 것 같다.
I think his class is interesting.

4 숙제가 너무 많은 것 같아.
I think there is too much homework.

5 김 선생님은 우리한테 기대하시는 게 너무 많은 것 같아.
I think Mr.Kim expects too much from us.

6 새로 오신 선생님은 설명을 잘 하시는 것 같아.
I think the new teacher is good at explaining things.

★ **expect** 기대하다　**explain** 설명하다

마법 패턴과 주어진 단어를 이용하여 문장을 만들어 보기

1 오 선생님은 현명하신 것 같아. Ms. Oh is wise

2 콜빈 선생님은 좋으신 분인 것 같아. Mr. Colvin is a nice person

3 그 선생님 수업은 지루한 것 같아. her class is boring

4 황 선생님은 말씀이 너무 빠른 것 같아요. Mr. Hwang speaks too quickly

5 이 선생님은 기준이 높으신 것 같아. Ms. Lee puts high standards

6 전 선생님이 신경을 많이 써주시는 것 같아. Mr. Jeon cares a lot

7 그녀는 이기적인 것 같아. she is selfish

★ **boring** 지루한   **quickly** 빠르게   **standard** 기준

Answer
1 I think Ms. Oh is wise. 2 I think Mr. Colvin is a nice person. 3 I think her class is boring. 4 I think Mr. Hwang speaks too quickly. 5 I think Ms. Lee puts high standards. 6 I think Mr. Jeon cares a lot. 7 I think she is selfish.

01 주어진 질문에 3줄로 답해보기

Q How is your new teacher? 새로 오신 선생님 어때?

1 I think he is strict. 좀 엄격하신 것 같아요.

2 But I think he is good at explaining things.
하지만 설명은 잘 하시는 것 같아요.

3 I think he's a good teacher overall.
전체적으로 좋은 선생님이신 것 같아요.

★ **overall** 전체적으로

talented 재능있는	smart 똑똑한	strict 엄격한
funny 재미있는	warm 따뜻한	selfish 이기적인
popular 인기 있는	brave 용감한	mean 못된
polite 예의 바른	wise 현명한	thoughtful 사려깊은
shy 수줍은	stupid 어리석은, 멍청한	timid 소심한

02 주어진 질문에 3줄로 답해보기

 **Q How is Ms. Cho?** 조 선생님은 어떠셔?

1 I think she is funny. 그분 재미있으신 것 같아.

2 She is kind to her students. 학생들에게 친절하셔.

3 I think she is a nice person. 좋은 분인 것 같아.

이번에는 네 차례야!

Q. How is _____? _____ 선생님 어떠셔?

1 I think he/she is ✒ _____. 그분 _____ 것 같아.

2 He/She is ✒ _____. 그 분은 _____ 것 같아.

3 I think he/she is a ✒ _____ person. _____ 분인 것 같아.

마법 패턴 20 ~때문에 화가 난다
마법 패턴 21 ~ 했어야 했는데
마법 패턴 22 ~가 무서워요
  ~ 가 걱정이에요

What makes you angry?

무엇 때문에 화가 나니?

지금 가장 많이 걱정되고 나를 화나게 하는 것은 무엇인가요?

그런 것이야말로 바로 내가 써야 하는 글감이죠.

자다가 이불킥이라도 하고 싶은 후회스러운 것들

또는 머릿속을 떠나지 않는 걱정거리 등을 영어로 표현해 보세요.

마법 패턴 20

make me angry
~ 때문에 화가 난다

요즘 무엇 때문에 화가 나고 짜증이 나나요? 성적, 친구 등등 나를 화나게 하는 것들에 대해 표현하고 싶을 때는 ~ make me angry 를 써요.

★ **~ make me upset** ~ 때문에 짜증이 나다   **~ make me tired** ~ 때문에 피곤하다

1 그 뉴스 때문에 정말 화가 난다.
The news **makes me angry**.

2 크리스틴의 장난 때문에 정말 열 받는다.
Christine's prank **makes me angry**.

3 스팸 전화 때문에 정말 화가 난다.
The spam calls **make me angry**.

4 사라의 잔소리는 정말 짜증이 났다.
Sarah's nagging **made me upset**.

5 모기들 때문에 화가 난다.
Mosquitoes **make me angry**.

6 숙제 때문에 피곤하다.
My homework **makes me tired**.

★ **prank** 장난, 농담   **spam call** 스팸 전화   **nagging** 잔소리   **mosquito** 모기

마법 패턴과 주어진 단어를 이용하여 문장을 만들어 보기

1 파리 때문에 화가 난다. the flies, angry

2 탐의 바보 같은 농담 때문에 열받는다. Tom's stupid jokes, angry

3 그녀의 답변 때문에 짜증이 났다. Her reply, upset

4 그의 실수 때문에 화가 난다. his mistake, angry

5 박 선생님의 태도 때문에 나는 짜증이 났다. Mr. Park's attitude, upset

6 운동을 너무 많이 해서 피곤하다. too much exercise, tired

7 덥고 습한 날씨 때문에 피곤하다. the hot and humid weather, tired

★ **attitude** 태도

Answer

1 The flies make me angry. 2 Tom's stupid jokes make me angry. 3 Her reply made me upset. 4 His mistake makes me angry. 5 Mr. Park's attitude made me upset. 6 Too much exercise makes me tired. 7 The hot and humid weather makes me tired.

 **01** 주어진 질문에 3줄로 답해보기

 **Q What makes you angry?** 무엇이 너를 화나게 하니?

1 The spam calls really make me angry.
스팸 전화 때문에 정말 화가 난다.

2 I received five spam calls yesterday. 어제는 5통이나 받았어.

3 I'm so stressed these days. 요즘 너무 스트레스 받아.

★ receive 받다   these days 요즘

 단어 상자

sorry 섭섭한, 서운한	upset 짜증나는	surprised 놀란
tired 피곤한	lonely 외로운	stressed 스트레스 받는
excited 흥분한	glad 기쁜	calm 침착한
sad 슬픈	scared 무서운	worried 걱정되는
bored 지루한	unhappy 기분 나쁜	nervous 불안한

02 주어진 질문에 3줄로 답해보기

 **Q**  **What makes you angry?** 무엇 때문에 화가 나니?

1 **My sister keeps singing "Speechless" all day.**
우리 누나는 하루 종일 "스피치리스"를 불러 댄다.

2 **I can't focus on studying.** 공부에 집중할 수가 없다.

3 **It really makes me angry.** 정말 나를 화나게 한다.

★ **keep –ing** 끊임없이 - 하다. **focus on** ~에 집중하다.

Q. What makes you angry? 무엇 때문에 화가 나니?

1 ✎ _____. _____.

2 I can't focus on ✎ _____. _____에 집중할 수가 없다.

3 It really makes me angry. 정말 나를 화나게 한다.

I should have ~ ~했어야 했는데

'방학 숙제 미리 해둘 걸' 처럼 지난 일이 후회스럽거나 속상할 때 쓸 수 있는 표현이 바로 「I should have + 과거분사」 입니다. '어제 아이스크림 먹지 말걸' 처럼 '~하지 말았어야 했는데'는 「should not + have + 과거분사」로 표현할 수 있어요.

1 시험 공부를 했어야 했는데.
I should have studied for the exam.

2 차라리 그렇게 말할 걸.
I should have said that.

3 숙제를 좀 더 일찍 할 걸.
I should have done my homework earlier.

4 엄마 말을 들을 걸.
I should have listened to my mom.

5 버스를 기다렸어야 했는데.
I should have waited for the bus.

6 아이스크림을 먹지 말았어야 했는데.
I should not have eaten ice cream.

동사의 과거분사

● 동사 기본형에 -(e)d를 붙여서 만들어요.
study - studied   listen - listened   wait - waited   start - started

● 불규칙하게 변하는 경우도 있어요.
say - said   do - done   go - gone   sleep - slept   eat - eaten

마법 패턴과 주어진 단어를 이용하여 문장을 만들어 보기

1 좀 더 일찍 병원에 갈 걸. gone to the hospital earlier

2 마스크를 착용했어야 했는데. worn a mask

3 교과서를 가져 왔어야 했는데. brought my textbook

4 잠이나 더 잘 걸. slept longer

5 프로젝트를 좀 더 일찍 시작했어야 했는데. started the project earlier

6 매운 라면을 먹지 말 걸. eaten spicy noodles

7 이 장난감 사지 말았어야 했는데. bought this toy

★ **earlier** 좀 더 일찍　**worn** wear(입다, 착용하다)의 과거분사　**brought** bring(가져 오다)의 과거분사　**spicy** 매운　**bought** buy(사다)의 과거분사

Answer
1 I should have gone to the hospital earlier. 2 I should have worn a mask. 3 I should have brought my textbook. 4 I should have slept longer. 5 I should have started the project earlier. 6 I should not have eaten spicy noodles. 7 I should not have bought this toy.

 **01** 주어진 질문에 3줄로 답해보기

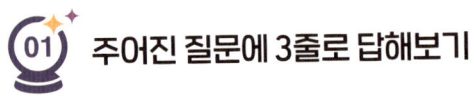
Q How was your exam? 시험 어땠어?

1. **I should have started studying earlier.**
   좀 더 일찍 공부를 시작했어야 했는데.

2. **I should have looked at more past questions.**
   기출 문제를 좀 더 봤어야 했는데.

3. **I should not have made so many mistakes in the exam.** 시험에서 실수를 많이 하지 말았어야 했는데.

★ past guestion 기출 문제   make a mistake 실수하다

have a sore throat 목이 아프다	have a fever 열이 나다
catch[have] a cold 감기 걸리다	have a runny nose 콧물이 흐르다
have a stomachache 배가 아프다, 배탈이 나다	have a bloody nose 코피가 나다
have flu 독감에 걸리다	have a cough 기침을 하다
have a toothache 이가 아프다	have a cavity 충치가 있다

02 주어진 질문에 3줄로 답해보기

Q. What do you regret now? 지금 뭐가 후회되니?

1 I had a stomachache yesterday. 어제 배탈이 났어요.

2 I should have listened to my mom. 엄마 말을 들었어야 했어요.

3 I should not have eaten ice cream. 아이스크림을 먹지 말았어야 했는데.

★ regret 후회하다

Q. What do you regret now? 뭐가 후회되니?

1 I _____. _____ 했어요.

2 I should have _____. _____ 할 걸 그랬어요.

3 I should not have _____. _____ 하지 말았어야 했는데.

I am afraid of ~ ~가 무섭다
I am worried about ~ ~가 걱정이다

혹시 지금 무섭거나 걱정되거나 심란할 일 있나요? 이렇게 '~가 무섭다, 무서워요' 라고 할 때는 「I'm afraid of ~」라고 표현합니다. 걱정되거나 심란한 일은 「I'm worried about ~」으로 표현할 수 있어요.

1. 난 큰 개가 무서워요. **I am afraid of** big dogs.

2. 난 어두운 게 무서워요. **I'm afraid of** the dark.

3. 밤에 혼자 있는 게 무서워요. **I'm afraid of** being alone at night.

4. 우리 강아지가 걱정된다. **I am worried about** my dog.

5. 내일 날씨가 걱정돼요. **I'm worried about** tomorrow's weather.

6. 내 성적이 걱정된다. **I'm worried about** my grade.

★ **alone** 혼자, 홀로 **grade** 성적

마법 패턴과 주어진 단어를 이용하여 문장을 만들어 보기

1 난 고양이가 무서워요. cats

2 난 고소 공포증이 있어요. heights

3 난 주사맞는 게 무섭다. getting shots

4 실수할까봐 두려워요. making mistakes

5 이번 주 숙제 때문에 걱정이 된다. this week's homework

6 내일 발표 때문에 걱정이 된다. tomorrow's presentation

7 그녀의 건강이 걱정된다. her health

Answer
1 I am afraid of cats. 2 I'm afraid of heights. 3 I'm afraid of getting shots. 4 I'm afraid of making mistakes.
5 I am worried about this week's homework. 6 I'm worried about tomorrow's presentation. 7 I'm worried about her health.

 **01** 주어진 질문에 3줄로 답해보기

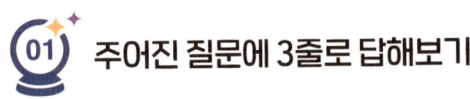 **Q What are you worried about?** 무엇을 걱정하고 있어?

1 I'm worried about my relationship with Sujin.
  수진이와의 관계가 걱정이에요.

2 I just argued with her. 방금 전에 말다툼 했거든요.

3 I'm afraid of losing a friend. 친구를 잃을까봐 무서워요.

★ **relationship** 관계 **argue** 말싸움하다

 단어 상자

lose 잃다, 잃어버리다	bite 물다	bug 벌레, 작은 곤충
insect 곤충	bee 벌	wasp 말벌
ant 거미	fly 파리	dragonfly 잠자리
ladybug 무당벌레	mosquito 모기	grasshopper 메뚜기
scorpion 전갈	spider 거미	flea 벼룩

02 주어진 질문에 3줄로 답해보기

Q What are you afraid of?
너는 뭐가 무서워?

1 I'm afraid of bugs.   난 벌레가 무섭다.

2 I'm especially afraid of spiders.   특히나 거미가 무섭다.

3 They look really scary.   정말 무섭게 생겼어.

★ **scary** 무서운, 겁나게 하는

이번에는 네 차례야!

Q. What are you afraid of? 너는 뭐가 무서워?

1 I'm afraid of _____.   난 _____가 무섭다.

2 I'm especially afraid of _____.   특히나 _____가 무섭다.

3 They _____.   그것들은 _____ 하거든.

마법 패턴 23　~라면 좋겠다
마법 패턴 24　~하고 싶어요

Q8

What do you want to be?

넌 뭐가 되고 싶어?

지금 무엇을 간절히 바라고 있나요?

지금 당장의 일일 수도 있고, 먼 훗날의 어떤 것일 수도 있겠죠.

꼭 이루어졌으면 하는 것들, 또 앞으로 내가 하고 싶은 일을

영어로 표현할 수 있어요.

I wish ~ ~라면 좋겠다

현실에서 그러지 못한 아쉬움이 있을 때, 또는 현실은 불가능하지만 앞으로 일어났으면 하는 일을 원하고 희망할 때는 「I wish ~ 동사의 과거형」으로 표현할 수 있어요.

1. 운전할 수 있었으면.
   I wish I could drive.

2. 다른 사람 마음을 읽을 수 있으면 좋겠어요.
   I wish I could read other people's mind.

3. 시간 여행을 할 수 있으면 좋겠어요.
   I wish I could time travel.

4. 내일이 토요일이라면 좋겠어요.
   I wish tomorrow were Saturday.

5. 형제 자매가 있으면 좋겠다.
   I wish I had a sibling.

6. 내가 좀 더 똑똑했더라면.
   I wish I were smarter.

★ **could** can의 과거형   **mind** 마음

마법 패턴과 주어진 단어를 이용하여 문장을 만들어 보기

1 돈이 좀 더 많았으면 좋겠다. I had more money

2 동물들이랑 대화를 할 수 있었으면. I could talk with animals

3 태민이처럼 머리가 길었으면. I had long hair like Taemin

4 반 친구들에게 인기가 많았으면. I were popular with my classmates

5 메시처럼 축구를 잘했으면. I could play soccer like Messi

6 제이홉처럼 춤 출 수 있으면 좋겠다. I could dance like J-Hope

7 우리 부모님이 좀 덜 바쁘시면 좋겠다. my parents were less busy

★ **less** 덜, 더 적게

Answer

1 I wish I had more money. 2 I wish I could talk with animals. 3 I wish I had long hair like Taemin. 4 I wish I were popular with my classmates. 5 I wish I could play soccer like Messi. 6 I wish I could dance like J-Hope. 7 I wish my parents were less busy.

 **01** 주어진 질문에 3줄로 답해보기

Q What do you wish for your family?
가족에게 바라는 게 뭐니?

1 I wish my parents had more free time.
부모님이 좀 더 여유시간이 많았으면 해요.

2 I wish my older sister were less busy. 누나가 덜 바빴으면 좋겠어요.

3 That way, I can spend more time with them.
그러면, 내가 그들과 더 많은 시간을 보낼 수 있거든요.

 단어 상자

air conditioner 에어컨	refreigerator 냉장고	television 텔레비전
microwave oven 전자레인지	vacuum cleaner 진공 청소기	air purifier 공기 청정기
monitor 모니터	printer 프린터	tablet computer 태블릿 PC
bookshelf 책장	board 칠판	locker 사물함
globe 지구본	pencil sharpner 연필깎이	wastebasket 쓰레기통

02 주어진 질문에 3줄로 답해보기

Q. What do you want to change in your school? 학교가 어떻게 바뀌길 원하니?

1 I wish we had more air purifiers.
   공기 청정기가 좀 많았으면 좋겠어요.

2 I wish the principal's speeches were shorter.
   교장 선생님 훈화 말씀이 좀 짧았으면 해요.

3 That's what I wish. 그게 내가 원하는 거에요.

★ **air conditioner** 에어컨   **principal** 교장선생님   **speech** 연설

Q. What do you want to change in your school?
학교가 어떻게 바뀌길 원하니?

1 I wish we had more _____. _____가 더 많았으면 좋겠어요.

2 I wish _____. _____했으면 좋겠어요.

3 That's what I wish. 그게 내가 바라는 거야.

I want to ~ ~하고 싶다

want는 어떤 것을 원하거나 바랄 때 쓰는 표현이에요. '~를 하고 싶다'라고 할 때는 「want to + 동사원형」를 사용하며, not을 넣어 '~하고 싶지 않다'라고 쓸 수도 있어요. 또 '~가 되고 싶다'라고 할 때는 「want to + be 동사」를 쓰면 돼요.

1 밖에서 놀고 싶어요.
I want to play outside.

2 영화 보고 싶어요.
I want to watch a movie.

3 민수랑 놀이터에 가고 싶어요.
I want to go to the playground with Minsu.

4 나는 사촌 동생이랑 키즈 카페에 가고 싶지 않아요.
I don't want to go to the kids café with my younger cousin.

5 난 선생님이 될거야.
I want to be a teacher.

6 난 BTS같은 K팝스타가 되고 싶어요.
I want to be a K-Pop star like BTS.

마법 패턴과 주어진 단어를 이용하여 문장을 만들어 보기

1 늦잠 자고 싶어요. sleep in

2 자전거 타고 싶어요. ride a bike

3 나는 개를 키우고 싶다. get a dog.

4 나는 지민이가 보고 싶어. see Jimin

5 나는 혼자 집에 있고 싶지 않아. stay home alone

6 나는 수의사가 되고 싶어. be a vet

7 나는 손흥민 같은 축구 선수가 되고 싶어요. be a soccer player like Son Heungmin

★ **sleep in** 늦잠 자다   **vet** 수의사

Answer
1 I want to sleep in. 2 I want to ride a bike. 3 I want to get a dog. 4 I want to see Jimin. 5 I don't want to stay home alone. 6 I want to be a vet. 7 I want to be a soccer player like Son Heungmin.

01 주어진 질문에 3줄로 답해보기

Q What do you want to be when you grow up? 넌 커서 뭐가 되고 싶니?

1 I want to be a pro-gamer like Faker.
나는 페이커 같은 프로게이머가 되고 싶다.

2 I want to play League of Legend all day long.
롤게임을 하루 종일 하고 싶거든.

3 I want to be famous like him. 나는 그처럼 유명해지고 싶어.

★ when you grow up 너는 커서

단어 상자

doctor 의사	teacher 교사	singer 가수
cook 요리사	scientist 과학자	movie star 영화배우
nurse 간호사	artist 예술가	firefighter 소방관
police officer 경찰관	musician 음악가	vet 수의사
pilot 조종사	dentist 치과의사	YouTube creator 유투브 크리에이터

02 주어진 질문에 3줄로 답해보기

Q What do you want to be when you grow up? 너는 커서 뭐 되고 싶니?

1 I want to be a YouTube creator like DDotty.
나는 도티 같은 유투버가 되고 싶다.

2 I want to make a lot of money.   돈을 많이 벌고 싶거든.

3 I want to be a celebrity like him.   나도 그처럼 셀럽이 되고 싶다.

★ **make a lot of money** 돈을 많이 벌다

Q. What do you want to be when you grow up?
너는 커서뭐 되고 싶니?

1 I want to be ✎ _____ like _____.   나는 _____ 같은 _____ 되고 싶다.

2 I want to ✎ _____.   나는 _____ 싶거든.

3 I want to ✎ _____ like _____.   나도 _____ 처럼 _____ 되고 싶다.

똑똑한 아이네 집은 무엇이 다를까요?

1
입시 전문가인 저는 직업 특성상 **가정 방문을 자주 합니다.**

2

가정 방문을 하면서 여러 집을 관찰한 결과, **똑똑한 아이네 집은 '거실'부터 다르더군요.**

3
실제로 도쿄대생의 74%가 **초등학교때 거실에서 공부했다고 합니다.**

4
똑똑한 아이가 사는 집의 거실에는 **지도와 지구본이 있거나**

5
책장에 사전과 도감이 꽂혀 있는 경우가 많습니다.

6
즉, 지적인 자극이 가득한 환경에서 자란 아이일수록 **학습성취도가 월등히 높았습니다.**

7
그렇다면, 거실만 바꾸면 될까요? 많은 부모님들이 묻습니다.

"왜 공부방 대신 거실에서 해야 하나요?"
"책을 사줘도 아이가 책을 보지 않아요"
"지구본은 어디에 놓아야 하죠?"
"도대체 어떻게 해야하죠?"
"제발 알려주세요"
⋮

8
수백 차례 질문을 받은 끝에 그 답을 책으로 정리했습니다.

9
그 중 많은 분들이 궁금해하셨던, **똑똑한 아이네 집에 반드시 있는 3가지 물건을 소개합니다!**

1. 도감
도감은 글을 읽지 못하는 아이도 시각적 자극을 통해 손쉽게 지식을 늘릴 수 있게 도와줍니다.

설문 조사에 따르면 **도쿄대생의 30%가 어릴 때부터 매일 도감을 봤다고 하네요.**

2. 지도
지도와 지구본은 거실 한쪽 벽에 붙여두거나 텔레비전 옆에 놓으세요.

TV에 모르는 나라가 나오면 같이 지도를 찾아보면서 아이의 탐구심을 길러줄 수 있습니다.

3. 사전
국어를 잘하기 위해서는 의미를 정확하게 알아야 합니다.

그래서 정확한 의미를 익힐 수 잇는 사전을 꼭 갖고 있어야 합니다.

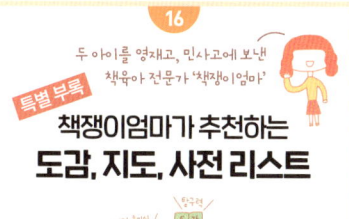

특별부록
책쟁이엄마가 추천하는
도감, 지도, 사전 리스트

아이의 발달 단계를 고려하여 170여 권의 도서를 세심하게 고르고 골랐어요!

똑똑한 아이네 집은 거실부터 다르다
〈거실 공부의 마법〉

오가와 다이스케 지음
책쟁이엄마(정미현) 감수
13,000원

아이의 미래를 좌우하는 3~7세 어떻게 해야 하나요?

1

유아 교육 전문가인 제게 3~7세 아이 부모님들이 묻곤 합니다. **"조기 교육이 꼭 필요할까요?"**

2

3~7세는 두뇌와 신체가 성장하는 **결정적 시기입니다.**

3

아이는 관심만 있다면 공룡 이름을 몽땅 외우고 국자라고 말해줬을 뿐인데 **명사와 문장 감각까지 익히죠.**

4

이처럼 3~7세는 스펀지처럼 무엇이든 흡수할 수 있는 시기입니다. 그야말로 근사한 가능성을 간직한 **'기적의 시간'인거죠.**

5

그러므로, 이 시기에는 초등 과정을 미리 배우는 조기 교육이 아니라 평생 학습의 토대를 만드는 **"유아 교육"을 해야 합니다.**

6

그렇다면 아이의 미래를 좌우하는 3~7세를 제대로 보내려면 **어떻게 교육해야 할까요?**

7

그에 대한 답과 1만명이 넘는 아이들을 지도하며 쌓은 노하우를 많은 부모님들과 공유했는데,

8

그 중 많은 분들이 효과를 본 **아이의 두뇌와 신체를 성장시키는 방법 5가지를 소개합니다.**

9

첫째,
부모가 쓰는 말이 아이의 언어 저금통이 된다.
짧은 시간이라도 풍부한 어휘로 대화를 하자!

둘째,
건강한 신체의 기본은 근육 단련.
많이 걷고 많이 움직이게 하자!

셋째,
아이는 재미있어야 흥미를 갖는다.
모든 학습은 즐거운 놀이로 만들자!

넷째,
음악과 미술을 자주 접하게 하자!
공감 능력, 사고력의 토대가 된다.

다섯째,
같은 놀이를 반복하기 보다는
다양한 놀이를 준비하고,
아이가 원하는 놀이를 함께 하자!

특별 부록
책쟁이엄마가 추천하는
3~7세 그림책 리스트

두 아이를 영재고,
민사고에 보낸
책육아 전문가 '책쟁이엄마'

이외에도 초등학교 입학 준비에 관련된
꿀팁도 담겨 있어요.

유아 교육의 모든 것을 이 한 권에!

영재 교육 부럽지 않다!
부모만이 할 수 있는 최강의 유아 교육

소가와 타이지 지음 | 14,800원

영어 앞에서 작아지는 분이라면…

영어 말문을 여는 가장 확실한 방법
이보영의 말문 영어
이보영 지음 | 13,000원

5분 동영상 강의를 통해 영어 말하기 원칙 배우고
오디오를 듣고 따라 하면서 5분 말하기 실천
소극적이지만 강력한 효과의 하루 10분 말문 트레이닝

 5분 강의

 5분 말하기 셀프 트레이닝

너무 많이 알 필요 없이, 영어 말하기에 꼭 필요한 영문법을 담았습니다. 중학교 영어 수준의 내용을 국민 영어 강사 이보영 선생님의 명쾌한 동영상 강의로 정리할 수 있어서 ==새롭게 영어 공부를 시작하거나 말하기와 문법 둘 다 놓칠 수 없는 학생들에게 강력 추천합니다.==